A DOUTRINA DOS
20%

Preencha a **ficha de cadastro** no final deste livro
e receba gratuitamente informações
sobre os lançamentos e as promoções da Elsevier.

Consulte também nosso catálogo
completo, últimos lançamentos
e serviços exclusivos no site
www.elsevier.com.br

RYAN TATE
Editor do blog gawker.com

A DOUTRINA DOS 20%

Como a bisbilhotice, a enrolação e a transgressão de regras profissionais geram sucessos nos negócios

Reserve espaço para que seus funcionários sigam suas paixões, evitem a burocracia e inovem de forma independente

Tradução
Fábio Faria

Do original: *The 20% Doctrine*
Tradução autorizada do idioma inglês da edição publicada por HarperCollins Publishers
Copyright © 2012, by Ryan Tate. All rights reserved

© 2012, Elsevier Editora Ltda.

Todos os direitos reservados e protegidos pela Lei nº 9.610, de 19/02/1998.

Nenhuma parte deste livro, sem autorização prévia por escrito da editora, poderá ser reproduzida ou transmitida sejam quais forem os meios empregados: eletrônicos, mecânicos, fotográficos, gravação ou quaisquer outros.

Copidesque: Soeli Ferraresi
Revisão: Edna Cavalcanti e Roberta Borges
Editoração Eletrônica: Estúdio Castellani

Elsevier Editora Ltda.
Conhecimento sem Fronteiras
Rua Sete de Setembro, 111 – 16º andar
20050-006 – Centro – Rio de Janeiro – RJ – Brasil

Rua Quintana, 753 – 8º andar
04569-011 – Brooklin – São Paulo – SP – Brasil

Serviço de Atendimento ao Cliente
0800-0265340
sac@elsevier.com.br

ISBN 978-85-352-3664-4
Edição original: ISBN: 978-0-06-200323-2

Nota: Muito zelo e técnica foram empregados na edição desta obra. No entanto, podem ocorrer erros de digitação, impressão ou dúvida conceitual. Em qualquer das hipóteses, solicitamos a comunicação ao nosso Serviço de Atendimento ao Cliente, para que possamos esclarecer ou encaminhar a questão.

Nem a editora nem o autor assumem qualquer responsabilidade por eventuais danos ou perdas a pessoas ou bens, originados do uso desta publicação.

CIP-Brasil. Catalogação-na-fonte
Sindicato Nacional dos Editores de Livros, RJ

T216d Tate, Ryan.
        A doutrina dos 20%: como bisbilhotice, a enrolação e a
    transgressão de regras profissionais geram sucesso nos
    negócios / Ryan Tate. – Rio de Janeiro: Elsevier, 2012.

        Tradução de: The 20% doctrine
        ISBN 978-85-352-3664-4

        1. Administração de pessoal. 2. Sucesso nos negócios.
    I. Título II. Título: Vinte por cento doutrina.

12-4982.   CDD: 658.4092
                                      CDU: 005.322.:316.46

O autor

RYAN TATE é colaborador do Gawker.com, blog sobre as últimas tendências tecnológicas, e jornalista veterano na área de negócios, cujos posts são lidos 2,5 mil vezes por 700 mil pessoas todo mês. Tate iniciou a carreira escrevendo para a *Upside*, a primeira revista com foco na combinação de negócios e tecnologia. Ao longo da carreira, contribuiu para periódicos como *Business 2.0*, *The Contra Costa Times* e *The San Francisco Business Times*. Tate mora na área da Baía de San Francisco, com a esposa e dois gatos.

Prefácio

Por Chad Dickerson

No dia 12 de dezembro de 2005, o telefone da minha mesa de trabalho tocou, o que me surpreendeu, já que isso era raro. Era do Departamento de Recursos Humanos da Yahoo!. Mas como eu tinha acabado de ajudar a organizar um projeto incrível, sorri e me preparei para receber calorosos elogios.

Na sexta-feira anterior, eu tinha organizado o primeiro Hack Day interno na Yahoo! com a ajuda de uma turma informalmente organizada na companhia. O nome com o qual batizamos o evento, Hack Day, era uma homenagem à cultura dos hackers, mas também uma confissão de que estávamos tentando consertar um sistema que não funcionava particularmente bem. O conceito era bastante simples: os engenheiros de nossa divisão tiraram o dia para construir o que quisessem. A única regra era que tinham 24 horas para apresentar sua criação. A estrutura básica do evento foi inspirada no que as start-ups vinham fazendo, só que ninguém havia tentado fazê-lo em grande escala em uma companhia já estabelecida.

O primeiro Hack Day da Yahoo! foi claramente um sucesso. Em uma companhia que lutava para inovar, aproximadamente 70 protótipos surgiram em apenas 24 horas e foram apresentados em um ambiente de alegria entusiástica, no qual as pessoas aplaudiam e comemoravam. Os desenvolvedores, que mal haviam dormido e vestiam camisetas, trabalharam até tarde na sexta-feira para apresentar seus protótipos, apenas pela satisfação de criar algo. Em sua obra seminal sobre softwares de código-fonte aberto, intitulada *The Cathedral and the Bazaar*, Eric Raymond escreveu: "Todo bom trabalho de software começa com a inquietação de um desenvolvedor." Nesse evento, houve várias ideias brilhantes dos desenvolvedores da Yahoo!. Porém, foi preciso um Hack Day para fazê-los dar início a um processo coletivo de catarse.

Voltando ao telefonema do Departamento de Recursos Humanos, peguei o telefone, pronto para ser gentil, e então a pessoa do RH me disse que precisávamos demitir um dos hackers, Cal Henderson, que criara uma interface para um aplicativo ou API (Application Program Interface) no diretório da companhia – disponível na intranet da Yahoo!, conhecido como "Backyard" – e, usando-o como base, desenvolveu outro batizado de "Backyard War" (Guerras no Quintal), no estilo *hot or not*.* Ninguém sabia exatamente que "guerras" eram aquelas, mas era divertidíssimo ver os colegas de trabalho guerreando sem sequer saber por quê. O comitê julgador improvisado que eu havia reunido concedera a Cal um troféu pelo trabalho.

A pessoa do RH que me ligou havia cometido um crítico erro de avaliação. Embora eu tivesse organizado o Hack Day, não tive qualquer controle sobre o evento ou os participantes. Eu o havia planejado

---

* *Nota da Editora*: Hot or not é um site de classificação que permite aos usuários avaliar trabalhos de qualquer natureza submetidos voluntariamente pelos criadores. É considerado o antecessor de ferramentas como "curtir" do Facebook.

naquele formato. Não havia burocracia, ninguém precisava se inscrever com antecedência, não havia restrição a qualquer tipo de projeto ou áreas de interesse; tampouco havia servidores centrais que armazenassem os projetos. Nem com uma arma apontada para a cabeça, eu teria conseguido retirar o "Backyard War" do sistema. No fim, creio que o RH deve ter conseguido encontrar Cal, mas não fez diferença. Nos Hack Days subsequentes, pairava uma sensação de perigo e uma constante competição velada para ver quem receberia o telefonema do RH. Quando se tenta fazer as coisas andarem e mudar um sistema, é inevitável que se acabe ferindo suscetibilidades ao longo do processo.

Com o primeiro evento, a sorte estava lançada, e o formato completamente improvisado do primeiro Hack Day tornou-se padrão. Eu não esperava 70 apresentações (lembre-se, eu não tinha a menor ideia de quem submeteria os projetos até que fossem apresentados). Originalmente, eu tinha planejado dar a cada equipe de cinco a dez minutos para fazer a apresentação, mas com 70 hackers querendo mostrar trabalhos, precisei diminuir o tempo-padrão para o máximo de dois minutos. Anos mais tarde, estava no elevador do local onde acontecia um Hack Day e escutei um hacker explicando as regras a um colega: "Cara, as demonstrações sempre levam dois minutos. É uma regra." Intimamente, me diverti ao constatar que aquelas "regras" tivessem se consolidado tanto ao longo do tempo.

Depois disso, fizemos Hack Days em três continentes. Continuamos com os internos para os funcionários e abrimos o evento ao público nove meses após o primeiro. As "regras" básicas permaneceram. As pessoas construíam muitos protótipos destinados a resolver diversos problemas, e a única coisa que realmente variava de um lugar para outro era a comida. Comemos pizza na Califórnia, samosas (espécie de pastel indiano) em Bangalore e pizza inglesa ruim em Londres.

Em Londres, fizemos um Hack Day em conjunto com a BBC, no Alexandra Palace. Logo após o início do evento, um raio atingiu o escritório, e ficamos sem energia, o que ativou o sistema de alarme contra incêndio. A queda do raio abriu enormes fendas no telhado, e a chuva começou a entrar na sala. Os hackers abriram guarda-chuvas e começaram a desenhar até a luz voltar. Quando o espírito criativo decola, nem uma tempestade é suficiente para freá-lo.

Desde aquele primeiro evento, já houve Hack Days em empresas como a IBM. A companhia GroupMe nasceu no Techcrunch Disrupt Hack Day – o Hack Day Detonador de Tecnologia –, em maio de 2010, fundada três meses mais tarde e vendida por dezenas de milhões de dólares em menos de um ano. Hack Days são organizados por agências governamentais para ajudar os cidadãos a melhorar o governo. Há pouco, a LinkedIn organizou um Hack Day para ajudar os veteranos.

As pessoas sempre me perguntam por que esses eventos funcionam tão bem. O segredo do Hack Day é muito simples: o primordial desses eventos é a criação. Você pode ter a melhor ideia do mundo, mas se não a puser em prática, não faz diferença. Quando organizei o primeiro Hack Day, a Yahoo! tinha a "Fábrica de Ideias", uma sofisticada caixa de sugestões on-line para onde os funcionários enviavam ideias. Essa maneira de reunir ideias parece inócua. Porém, esse tipo de sistema apresenta uma falha ideológica: pressupõe que uma pessoa usará sua ideia, eximindo-o de toda responsabilidade (mas, como percebi com o tempo, questionará que ninguém além dela tenha usado sua brilhante ideia até então). Os Hack Days resolvem esse problema. Você torna-se responsável pela ideia e pela execução, e é melhor que tenha uma apresentação para os dois minutos ou estará frito!

Os Hack Days separam os falastrões dos executores. Nas informações sobre o primeiro Hack Day, eu tinha lançado uma diretiva proibindo as apresentações em PowerPoint para proteger o evento contra a praga perniciosa de projetores de slides corporativos, o que se tornou um brado de guerra. Não havia espaço para as tediosas apresentações em PowerPoint. Uma vez ou outra, alguém tentava fazer uma dessas apresentações sem um protótipo. Invariavelmente, nesses casos, essa pessoa seria energicamente vaiada pelos participantes e implacavelmente retirada do palco caso ela mesma não tomasse a iniciativa de sair. As normas culturais do Hack Day não toleravam exibicionismo infundado. Chega de conversa e mostre seu trabalho. Só dispomos de dois minutos.

Neste livro, você aprenderá as várias tentativas de inovação de diferentes organizações. Pode apostar: todas têm um fator em comum – a confiança de que as pessoas podem ser extremamente criativas quando há espaço para isso, e que estão dispostas a fazer um grande esforço para criar esse espaço.

Feliz "hacking", e lembre-se de que você não precisa atender o telefonema do RH.

Sumário

O autor   v

Prefácio   Por Chad Dickerson   vii

Introdução   1

1. Reserve tempo para trabalhar no que lhe dê prazer   13
2. 20% por baixo   37
3. A ascensão do Hack Day   53
4. No Bronx, o surgimento de uma escola advinda de um projeto paralelo   81
5. O *Huffington Post* leva a doutrina dos 20% às massas   97
6. Como um aclamado Chef recomeçou   135

Conclusão   153

Bibliografia   169

Índice   179

Introdução

Gary Hamel era professor de uma escola de negócios por quase 25 anos quando subitamente teve um vislumbre que o atingiu em cheio, destruindo seu ego: tipos como ele não tinham muita utilidade. Alunos com as melhores formações em gestão de inovação não se tornavam os melhores gerentes na área. Em alguns casos, o treinamento das escolas de negócio era decididamente prejudicial.

Hamel acabara de finalizar uma pesquisa sobre o Google, na qual entrevistou seus principais executivos, mapeou sua história e obsessivamente investigou como os funcionários geravam um fluxo de produtos verdadeiramente revolucionários, capazes de mudar o mundo. Ele passou bastante tempo com o então (Chief Executive Officer) CEO Eric Schmidt, se reuniu com gerentes de nível médio e foi até os cargos mais baixos, conversar com todos os tipos de funcionários. Teve o insight enquanto redigia o estudo de caso para a Harvard School of Business, relatando com espanto como o Google parecia constantemente "à beira do caos" e como sua política de "20% de tempo" alimentava uma profusão de experimentos pessoais e uma enorme quantidade de linhas de negócios inovadoras e, por vezes, bastante lucrativas. Num mundo cujo forte ritmo da mudança era inexorável, a Google era um dos poucos negócios que conseguiam acompanhá-lo.

Hamel não pôde deixar de notar que a Google foi projetada para evitar gerentes como os que ele treinava. Espera-se que os detentores de MBA sejam capazes de catalisar e direcionar as mudanças. Porém, os funcionários da Google mal eram supervisionados, e os gerentes, distribuídos numa hierarquia muito tênue, "com a espessura de uma hóstia" como Hamel a descreveu. Nenhum membro da *troika* governante da Google, incluindo Schmidt e os cofundadores Sergey Brin e Larry Page, tinha formação em Administração; tampouco os outros líderes empresariais que Hamel admirava, como o CEO da Whole Foods, John Mackey.

"Você notou?" Hamel perguntou no estudo de caso. "Mackey, Bill Gore [inventor da Gore-Tex], Sergey Brin e Larry Page – nenhum desses inovadores da administração frequentou escolas de negócios. É um pouco humilhante para alguém como eu, professor de uma escola de negócios por 25 anos, mas não tem jeito. Quando você vai para uma escola de negócios, adquire bastante conhecimento, mas acaba incorporando muitos dogmas também."

"Por outro lado, qualquer um pode aprender a desafiar a sabedoria convencional. ... As pessoas que pensam nas formas mais ousadas e úteis de reinventar a essência do processo gerencial de sua companhia provavelmente não são as que estão gerenciando os processos neste momento."

"Os inovadores da administração deveriam prestar muita atenção aos conselhos dos que nunca aprenderam o que não deveriam fazer."

Hamel não é o único no mundo dos negócios americano a passar por constrangimentos no momento. O tradicional modo de ação parece não estar funcionando. Certamente, existem pontos positivos, sobretudo no setor tecnológico não convencional, como o próprio Hamel notou. E a economia emergiu, tecnicamente falando, da recessão, desembocando numa "recuperação" desconcertantemente instável. Entretanto, mais de três anos após o derretimento do sistema financeiro, os negócios menores ainda enfrentam dificuldades para conseguir financiamento, de acordo com o Departamento do Tesouro dos Estados Unidos, enquanto os investidores individuais em ações continuam evitando as grandes empresas e retirando dinheiro dos fundos de ações americanos. O investimento corporativo em equipamento e instalações permanece preocupantemente próximo do nível mais baixo em 40 anos, e as contratações estão anêmicas; o desemprego continua próximo dos 9% depois de atingir 10,1%, o nível mais alto em 27 anos. Não se sabia como evitar o medo que se abateu depois da quebra da General Motors em 2009, uma companhia americana icônica, se já houve alguma; o colapso das empresas de investimento em Wall Street em 2008, que teoricamente empregavam os melhores e mais brilhantes profissionais do país; e os US$8 trilhões de perda de capital decorrentes do estouro da bolha imobiliária.

A vida está especialmente difícil para os empregados da linha de frente. Em pesquisa de 2009, o Conference Board verificou que a satisfação profissional nos Estados Unidos atingiu seu nível mínimo em duas décadas, 45%. Esse número é inferior aos 59% de 1995 e 61% de 1987.

É hora de mudança, e todos sabem disso. As próprias crises que enfraqueceram o sacerdócio dos negócios americanos estão conferindo poder aos antes rejeitados: os rebeldes, desordeiros, jovens e marginalizados.

Este é um livro sobre como as empresas começaram a agir de maneira diferente e sobre como lucrar com essa mudança. Examinaremos especificamente como as companhias passaram a conceder mais liberdade criativa aos funcionários, começando com a política dos "20% de tempo" da Google, e analisaremos como as ideias centrais por trás dos 20% de tempo floresceram e evoluíram. Analisaremos não apenas os

20% de tempo em si, mas também sua filosofia – abrindo espaço para as pessoas experimentarem e seguirem suas paixões, para evitarem a burocracia e inovarem de forma independente.

Então o que vem a ser exatamente os "20% de tempo"? Os funcionários da Google têm permissão e, muitas vezes, são incentivados a dedicar um quinto do tempo aos projetos individuais. Poderia ser um dia por semana, quatro dias por mês ou dois meses e meio por ano. Não existem regras rígidas e imutáveis; os funcionários e ex-funcionários da Google com quem conversei deixaram claro que os 20% de tempo são, acima de tudo, uma ideia, uma prática mais próxima de uma compreensão amplamente disseminada do que de uma política escrita.

"Geralmente, à medida que crescem, as empresas têm mais dificuldade de manter projetos pequenos e inovadores", afirmou o cofundador da Google, Larry Page, em uma palestra em 2004. "E passamos por isso também, durante certo tempo, e dissemos, 'realmente precisamos de uma nova concepção....'"

Para os funcionários da Google, a ideia é usar 20% do seu tempo para fazer o que achar melhor... Muitas ideias úteis surgem em decorrência disso.

Os frutos dos 20% de tempo incluem o sistema de publicidade contextual AdSense, a segunda linha comercial mais lucrativa da Google, bem como o Gmail; analisaremos esses projetos mais profundamente depois. Os 20% de tempo também resultaram no Google News, Google Reader, Orkut, Google Suggest e Google Moderator, entre outros.

Apesar desses ganhos, o entusiasmo da Google pelos 20% de tempo oscilava. Em certo momento, os funcionários eram ativamente incentivados a usar o conceito dos 20% de tempo para criar projetos. Nos últimos anos, essa atitude passou a ser de mera tolerância. Embora os funcionários não fossem repreendidos por desviar a atenção a um projeto paralelo, os gerentes poderiam achar que não estavam dedicando esforços e atenção suficientes aos projetos oficiais da empresa – um detalhe extremamente importante em uma companhia cujo bônus pode representar metade do salário do funcionário. Após Page assumir como CEO, em abril de 2011, ele concentrou o foco da empresa ainda mais, provocando repercussão no Vale do Silício sobre o fim da filosofia dos 20% de tempo. Depois disso, um executivo da Google esclareceu que os 20% continuam, contudo com "mais cautela em relação ao que disponibilizaremos ao mercado, uma espécie de função de edição".

Muito embora a Google esteja repensando a filosofia dos 20% de tempo, foi a empresa que mais incentivou a popularização da ideia de reservar tempo para estimular a criatividade dos colaboradores. A companhia evangelizou e colocou em destaque uma ideia que outras organizações já haviam adotado de forma menos ostensiva. Page criou a filosofia dos 20% de tempo por influência do sistema de trabalho flexível da Hewlett-Packard e da 3M, e pela ênfase que as escolas Montessori, que ele e o cofundador Sergey Brin frequentaram, davam à liberdade e espontaneidade dos alunos.

A 3M era conhecida pela política de "15% de tempo" antes mesmo de a Google se tornar uma INC. A política foi instituída depois que um engenheiro da 3M – na realidade, ele sequer chegou a se graduar, mas quem de fato verifica essas coisas? – desobedeceu a uma ordem do presidente da empresa para que parasse de tentar criar uma fita adesiva melhor. Já em 1925, o engenheiro tinha terminado o desenvolvimento da fita adesiva, que se tornaria um ícone da empresa. Pelo fato de o projeto da fita adesiva não ter sido aprovado oficialmente, os funcionários se referiam ao produto como fita "contrabandeada", e por décadas a 3M utilizou o termo "clandestinidade" como sinônimo dos 15% de tempo.

A adaptação da Google dos 15% de tempo vem estimulando a propagação do conceito de independência criativa não só dentro como fora do Vale do Silício. Da National Public Radio à Yahoo!, do chef Thomas Keller às escolas de Nova York, do conglomerado de revistas nova-iorquinas a uma companhia de software australiana, as empresas estão, cada vez mais, testando maneiras de dar autonomia aos funcionários para fazerem experiências, esperando, em troca, serem beneficiadas pelas ideias inovadoras que possam surgir durante o processo.

Os chamados Hack Days começaram como tentativa de gerar projetos de baixo custo no estilo dos 20%de tempo. Esses eventos se tornaram muito comuns nos últimos cinco anos, difundindo-se pela Google, Facebook, Twitter, eBay e outras empresas poderosas do Vale do Silício. Mais adiante mostrarei como a Yahoo! deu início a esse fenômeno.

Em outra distorção do conceito original dos 20%, algumas companhias convidaram terceiros a participarem de projetos paralelos internos, por exemplo, ao aceitar trechos de software de código-fonte aberto de programadores independentes, ao incitar cidadãos engajados a se tornarem "jornalistas cidadãos" e ao solicitar a engenheiros externos que participem de maratonas de codificação da companhia. O jornal *The Huffington Post*, como veremos mais tarde, utilizou uma versão distribuída dos 20% de tempo para mudar a cobertura das campanhas presidenciais.

Algumas companhias retratadas neste livro se depararam com soluções geradas pelo estilo dos 20% enquanto tentavam criar seus próprios produtos. Outras expressamente buscaram copiar e aperfeiçoar o modelo da Google. Por exemplo, a Atlassian, provedor de ferramentas de software de Sydney, acrescentou diversos recursos ao conceito dos 20% de tempo da Google. Um deles permite que os gerentes usem seus dias livres para pegar emprestados funcionários de outras equipes para trabalhar numa ideia promissora ou projeto paralelo. A Atlassian também impõe restrições aos 20% de tempo: qualquer projeto que consuma mais que cinco dias tem de conter a assinatura de três outros "apoiadores", ou seja, outros desenvolvedores ou gerentes que não estejam diretamente envolvidos. Qualquer projeto que consuma mais que dez dias exige a assinatura de um cofundador.

Se pareço obcecado pelos projetos paralelos e pela inovação representada pelo estilo dos 20%, estou mesmo. Nos meus 12 anos como jornalista na área de negócios, muitas vezes vi companhias e tecnologias relegadas às margens de determinado setor subitamente ocuparem a linha de frente e o centro desses segmentos, resultando em mudanças definitivas. Ao fazer a cobertura de matérias sobre mídia digital para a revista *Upside*, do Vale do Silício, durante a febre das pontocom, escrevi uma crônica sobre como a Napster, concebida em um canto qualquer de um alojamento da Northeastern University, e a Gnutella, escrita em poucas semanas em uma divisão renegada da AOL-Time Warner, revolucionaram a distribuição de músicas. Ao cobrir matérias sobre restaurantes sofisticados para o jornal *San Francisco Business Times*, me encontrei repetidamente escrevendo sobre como chefs quatro estrelas, altamente treinados, enriqueciam com restaurantes secundários de comida simples, o mesmo tipo que costumavam dar aos funcionários nos fundos das cozinhas dos restaurantes sofisticados. Escrevendo sobre tecnologia e mídia no blog de fofocas Gawker, vi em primeira mão como blogueiros independentes e descompromissados, jornalistas cidadãos engajados e grupos de twitteiros e tumblers [um twitter incrementado] prosperavam, enquanto os jornais e as redes de televisão enfrentavam dificuldades. Nesse ínterim, no mundo da tecnologia, parecia haver uma explosão repentina de companhias bem-sucedidas que tinham começado por um impulso. Sabe-se que Mark Zuckerberg criou o Facebook no alojamento da faculdade. Dennis Crowley inventou o antecessor do que se tornaria seu aplicativo de check-in Foursquare enquanto trabalhava na Jupiter Research e depois na NYU (New York University). Marco Arment desenvolveu o popular aplicativo para o iPhone, Instapaper, enquanto trabalhava como engenheiro na Tumblr e tentava encontrar uma maneira de ler artigos durante a viagem de trem para o trabalho. E assim por diante.

Só que não me limitei apenas a assistir a ascensão desses projetos paralelos; à minha maneira, sempre tentei participar também. Na *Upside*, desenvolvi um mecanismo de metabusca que me permitia acessar dúzias de sites de notícias tecnológicas ao mesmo tempo.

Na *Gawker*, desenvolvi um monitor de comentários com base na Web chamado Peanuts, em homenagem à famosa galeria homônima em que comentaristas teatrais sarcásticos se reuniam. Eu acompanhava os comentários de novos leitores às minhas postagens recentes e os colocava no topo da página, bem como em alertas no meu desktop da Mac.

Considerando meu entusiasmo por projetos paralelos, seria praticamente impossível conseguir ficar mais empolgado ainda do que já estava quando uma gerente editorial da HarperCollins, chamada Debbie Stier, me abordou sugerindo um livro sobre os *skunkworks* corporativos, aqueles pequenos grupos experimentais montados dentro das companhias, mas que operam com certa autonomia. O interesse de Debbie era um tanto pessoal; naquela ocasião, ela trabalhava em um *skunkwork* da HarperCollins, conhecido como Harper Studio.

Nos meses subsequentes, realizei dúzias e dúzias de entrevistas, entrei de penetra num "festival" de codificação, regado a pizza nos escritórios de varejo de artesanato da Etsy, no Brooklyn, usei vinho para "subornar" fontes nos restaurantes do Vale do Silício e liguei por Skype para a Austrália para entrevistar o avô das hackatonas.*

Após pesquisar muitas empresas que atuavam no espírito dos 20% de tempo, decidi me concentrar nas mais recentes e bem-sucedidas, com a intenção de obter uma amostragem diversificada daqueles setores de negócio. Cada uma ganhou seu próprio capítulo. Dentre elas, notei princípios comuns, os quais chamarei de "A doutrina dos 20%":

- **Conceder a liberdade criativa.** Em seu nível mais básico, os sistemas alocadores dos 20% de tempo liberam determinados funcionários das estruturas gerenciais que determinam suas tarefas durante os outros 80% do tempo. Os sistemas garantem mecanismos pelos quais esses funcionários podem desenvolver ideias

---

* *Nota da Editora*: Trata-se de um neologismo. "Hackatrona" é uma maratona de hackers.

normalmente consideradas fora do escopo de suas funções e que, de outra maneira, acabariam reprimidas.

- **Perceber as paixões das pessoas.** Não necessariamente, o trabalho diário das pessoas está relacionado com suas verdadeiras paixões, para dizer o mínimo. Os projetos desenvolvidos dentro do esquema dos 20% são uma maneira de permitir que os funcionários trabalhem em algo que verdadeiramente os entusiasma, o que faz bem não só para o estado de espírito como para os projetos resultantes. Os clientes tendem a notar quando um produto é desenvolvido com paixão por alguém realmente comprometido.

- **O pior é melhor.** As pessoas que desenvolvem produtos paralelos – durante a semana de trabalho, nos domínios da empresa onde trabalham – precisam ganhar tempo criando atalhos para conseguirem finalizar o projeto. O tempo é escasso. O dinheiro, em geral, também. E nesse ínterim é preciso convencer muitos colegas céticos e gerentes. É imperativo concluir o produto rapidamente e mostrá-lo. Há sempre a possibilidade de aperfeiçoá-lo posteriormente. A primeira versão terá de ser simples, básica, rudimentar.

- **Adotar a reutilização.** Quase por definição, os projetos executados nos 20% de tempo não tratam de inovações estelares. Os melhores projetos paralelos tendem a ter um novo e inteligente olhar sobre um produto ou uma tecnologia já existente. A reutilização permite que se lance um projeto com mais rapidez e menos trabalho que quando se começa da estaca zero, vantagem crucial para um projeto paralelo.

- **Interagir rapidamente.** Tão importante quanto lançar um produto rapidamente é aperfeiçoá-lo com a mesma rapidez. É muito comum que os projetos bem-sucedidos desenvolvidos no sistema dos 20% de tempo lancem mão dessa iteração para capitalizar o sucesso, gerando o efeito bola de neve dentro da companhia patrocinadora. A liberação de um fluxo de aperfeiçoamento cria um vínculo de feedback positivo: cada melhoria no produto estimula a discussão, chama a atenção e motiva os patrocinadores.

- **Disseminar o aprendizado.** O aspecto tácito de todos os projetos desenvolvidos no estilo dos 20% de tempo consiste em tornar uma iniciativa totalmente apoiada pela companhia. Os criadores de projetos bem-sucedidos são, portanto, sempre vendedores. Eles vendem a ideia aos chefes, dos quais gostariam de receber recursos; vendem a ideia aos colegas, dos quais gostariam de receber ajuda; e vendem a ideia aos colaboradores existentes, os quais gostariam de manter no projeto. Não é por acaso que encontram maneiras de compartilhar regularmente as lições aprendidas e discutem ideias para continuar avançando.

- **Convocar terceiros.** Os projetos paralelos tendem a ser especialmente sensíveis em relação ao pensamento isolado e receptivos às ideias externas. Vender e tornar convincente uma visão perturbadora não é tarefa fácil, sobretudo quando se trata dos potenciais apoiadores do projeto. Terceiros podem ajudar. Os projetos no estilo dos 20% de tempo não se restringem aos canais habituais para buscar ajuda, o que significa ter de trabalhar com alguém de um grupo diferente da empresa ou recorrer a terceiros. A ajuda pode vir na forma de trabalho concreto, aconselhamento, publicidade ou afirmação pública.

Minha investigação sobre a doutrina dos 20% nos capítulos seguintes destina-se às pessoas inteligentes na linha de frente dos negócios. Independentemente de ser um único funcionário mediano ou um gerente tentando inovar na empresa, os princípios delineados anteriormente podem ajudá-lo a gerar o "pontapé inicial virtual", para empregar uma frase do empreendedor tecnológico Anil Dash, sem que tenha de pedir demissão. O lançamento de um projeto desse tipo exige passar por cima do organograma corporativo, atropelar a burocracia e buscar apoio junto as linhas internas de autoridade. A doutrina dos 20% pode ajudar. Você precisará de muita autoconfiança, senso apurado de sua própria posição política dentro da companhia, habilidade de criar fora dos canais habituais, algumas ideias genuinamente boas e pelo menos um pouquinho de sorte. Entretanto, saber o que ajudou os que o precederam no mínimo vai melhorar suas chances de êxito.

À medida que examinarmos o crescimento dos projetos no estilo dos 20% de tempo, você aprenderá a catalisar pessoalmente a inovação em vez de se limitar a um frustrante papel passivo enquanto observa as mudanças ocorrerem na organização. A rebeldia desempenha um papel crucial. Você vai conhecer o engenheiro Paul Buchheit, que gerou uma receita anual de US$10 bilhões para a Google apenas porque foi inteligente o suficiente para ignorar o chefe, que lhe orientou a parar de trabalhar em determinado projeto. Você vai conhecer Joan Sullivan, que construiu uma das mais qualificadas escolas públicas no distrito eleitoral mais pobre do país, passando por cima de velhas regras para a contratação de professores, ignorando os velhos modelos de financiamento de escolas públicas e destruindo as velhas expectativas dos alunos. E você conhecerá Chad Dickerson, que foi doido o suficiente para criar dentro da Yahoo! o Woodstock das hackatonas.

Você também verá exemplos da criação de projetos bem-sucedidos no estilo dos 20%, com prazo apertado e recursos limitados. Quando o aclamado chef Thomas Keller teve de inaugurar um restaurante em tempo recorde, acabou criando um dos restaurantes mais amados e originais de hoje. De forma semelhante, se não fosse por uma crise de caixa, o pioneiro site Flickr não teria surgido para trazer ao mundo o compartilhamento de fotografias.

Além isso, você verá como o uso de ferramentas de comunicação on-line multiplica a eficácia dos projetos paralelos, incluindo a iniciativa do jornal *Huffington Post*, batizada de "jornalismo do cidadão fora do ônibus", que redefiniu uma campanha presidencial ao coordenar um exército de jornalistas voluntários e cuidadosamente verificar suas informações.

Esse é o melhor momento para projetos no estilo dos 20%. Tornou-se mais fácil e barato iniciar projetos graças aos avanços na computação, às velocidades cada vez mais rápidas da internet e à globalização de produção. Enquanto isso, a cultura da criação de novos empreendimentos está muito em voga novamente com o ressurgimento da indústria tecnológica. A doutrina dos 20% oferece maneiras de trazer o espírito de uma start-up para a sua companhia e eleger recursos corporativos sem afetar os seus próprios.

A despeito de todas as motivações racionais para explorar a doutrina dos 20%, o elemento catalisador mais importante é de ordem emocional. A criação livre e direta nos faz com que nos sintamos bem. Como disse recentemente o editor de tecnologia Dale Dougherty: "Somos todos criadores – nós já nascemos criando... não vivemos apenas, mas *criamos*." O que se segue é um guia para exercitar o seu ímpeto natural de criar de forma compatível com as complexidades da vida moderna – e com seu trabalho atual.

1

Reserve tempo para trabalhar no que lhe dê prazer

O monumental esforço de Paul Buchheit
para lançar o Gmail

À s 3 horas de uma madrugada em Mountain View, Califórnia, um engenheiro de software chamado Paul Buchheit fez uma promessa para sua gerente, a vice-presidente da Google Marissa Mayer, com a qual vinha trabalhando até tarde na sede da empresa. Paul Buchheit comprometeu-se a não avançar com a ideia de criar anúncios sinistros e estranhos com base no conteúdo das caixas de entrada dos e-mails das pessoas. "Lembro-me de estar indo embora", Marissa Mayer disse, posteriormente, "e quando passei pela soleira da porta, parei por um minuto, olhei de volta para a sala e perguntei: 'Então, Paul, concordamos que não vamos em frente com essa questão dos anúncios neste momento, certo?' e ele imediatamente respondeu, 'certo, certo.'"

Buchheit quebrou sua palavra quase instantaneamente. Poucas horas depois, criou um protótipo da "máquina de anúncios", um sistema que leria os e-mails e automaticamente encontraria um anúncio relacionado com o conteúdo das mensagens para exibi-lo próximo ao texto. A publicidade financiaria o Gmail, um novo e avançado sistema de e-mail inventado por ele. Na manhã seguinte, os colegas de trabalho viram sua criação e acharam um absurdo. Mayer chegou a pensar em dar uma ordem para que Buchheit, que àquela altura dormia em casa, pulasse da cama e cancelasse a criação.

Felizmente, ela não o fez. "Essa história pegou muito mal para mim", declarou Marissa mais tarde, em um podcast na Stanford University. O sistema de Buchheit, chamado AdSense, gera para a Google aproximadamente US$10 bilhões de receita todos os anos. Você provavelmente já viu a logomarca azul e branca do AdSense nas margens de páginas da internet.

Por meio de uma longa luta para lançar o AdSense e o produto correlato, Gmail, que ostenta centenas de milhões de usuários, Buchheit transformou a Google de uma companhia estreitamente focada em pesquisa em uma com ampla visão de si própria, que se expandiu rapidamente em novos mercados, seguindo as paixões de seus funcionários. O conciliador engenheiro provou ao alto escalão da Google o valor de permitir que os programadores da linha de frente conduzam a companhia a novos mercados.

"Acho que posso ter contribuído com os projetos dos 20%", Buchheit disse para a consultora de start-ups, Jessica Livingston, "com minhas criações paralelas... Inevitavelmente... algo me chama a atenção, e começo a dedicar tempo para trabalhar nisso". Em outras palavras, antes que a Google provasse o valor dos 20% de tempo ao mundo, Paul Buchheit o provou à Google.

Ele o fez ao adotar uma ideia que deveria estar na essência de qualquer projeto no estilo dos 20% de tempo: antes de criar um produto que resolva problemas para outras pessoas, crie um que resolva os seus. O Gmail e o AdSense abrangeram aspectos que, acima de tudo, incomodavam Paul Buchheit. Lenta, porém seguramente, as ferramentas passaram a atender às necessidades dos colegas imediatos de Buchheit, que então estabeleceu como meta tornar 100 funcionários da Google contentes com suas criações. Depois disso, finalmente, elas foram liberadas ao público. Ao se colocar no centro do processo de desenvolvimento de seu projeto, Buchheit criou produtos amados por milhões de usuários, sem contar com os acionistas da Google.

Se estiver tentando criar seu próprio projeto paralelo, a lição a se aprender com a experiência do Gmail e do AdSense é: antes de "vender" o projeto para seu chefe, primeiro desenvolva algo que você mesmo compraria. Reservar um tempo para trabalhar no que nos dá prazer nos motiva, pois nos dedicamos a outras tarefas, além das obrigações diárias. A criação de Buchheit se concretizou porque, acima de tudo, ele a desenvolveu para si próprio. A recompensa emocional do que estava fazendo o ajudou a superar muitos obstáculos.

O processo de transformar seus desejos pessoais em produtos úteis aos outros é visceral.

"Basta prestar atenção nos problemas em sua volta", Buchheit disse a uma plateia de aspirantes a empreendedores em 2008. "Pare e preste atenção ao que acontece no seu corpo e sua mente. Comece a observar as situações em que precisa esperar ou em que fica ligeiramente confuso ou irritado com um produto. Preste atenção em todas as pequenas irritações... a maioria das ferramentas do Gmail é resultado de um aborrecimento com algo que não conseguia fazer e tentava achar uma solução."

O processo de transformar dificuldades em produtos também é profundamente satisfatório. "Quanto mais você percebe que pode controlar o ambiente e que os produtos que criou de fato têm utilidade, mais feliz você fica", escreveu o especialista em software Joel Spolsky, citando estudos do renomado psicólogo Martin Seligman sobre o conceito do "desamparo aprendido". "Quando ficamos frustrados, bravos e irritados, provavelmente é porque algo fugiu ao nosso controle: mesmo um detalhe. A barra de espaço do teclado não funciona direito, a chave da porta da frente não está boa... Tudo vai se somando."

A história do Gmail e do AdSense começou em agosto de 2001, quando Buchheit terminou um trabalho sobre o Google Groups, ferramenta de conversa on-line de uma antiga área da internet conhecida como "Usenet". O trabalho de Buchheit era tornar a ferramenta apta a pesquisas. Ele fez um ótimo trabalho: seu sistema permitia que os usuários encontrassem postagens específicas dentro de um quadro de mensagens, chamado de "grupos de notícias" — mensagens de pessoas específicas, escritas em determinado momento. Posteriormente, esse trabalho acabou reconhecido com um prêmio por "excelência de produto", conferido pelo conceituado *Dr. Dobb's Journal*, periódico sobre programação. Internamente, o Google Groups gerou mais trabalho para Buchheit: a incumbência de construir um produto de personalização de pesquisas. A missão da Google era organizar e tornar úteis todas as informações do mundo; porém, muitas delas estavam armazenadas em arquivos pessoais. A solução do problema coube a Buchheit.

"Recebi uma orientação bastante vaga para trabalhar em um tipo de e-mail ou projeto relacionado", Buchheit me contou.

O engenheiro sabia o que queria. Desde quando estudava na Case Western Reserve University, nos anos 1990, Buchheit queria implementar o e-mail. Naquela época, verificar os e-mails significava acionar softwares especializados rudimentares. Buchheit, incessante curioso, começou a construir um site que poderia baixar os e-mails de qualquer browser, de qualquer lugar. Mais tarde, ocupado com outros assuntos, ele abandonou o projeto.

O e-mail ainda incomodava Buchheit quando já trabalhava na Google, que tinha o software de e-mails mais avançado do mercado. O engenheiro recebia uma enxurrada diária de 500 mensagens, muitas dos próprios colegas de trabalho, que mandavam mensagens por cima das outras e que abarrotavam as caixas de entrada a ponto de não conseguirem ler muitas respostas. Os próprios colegas adotavam estratégias esquisitas para lidar com o enorme fluxo de informações, como religiosamente arquivar as conversas em pastas específicas ou impiedosamente apagar antigas mensagens, às vezes perdendo dados valiosos. Mesmo Buchheit considerava praticamente impossível navegar pela própria caixa de entrada. "Para mim, era muito confuso", afirmou.

Bastaram algumas horas para Buchheit criar o protótipo do que ele chamou de "Gmail", graças a um engenhoso insight: ele pegou o código que havia escrito para pesquisas no Google Groups e o jogou no seu arquivo pessoal de e-mail. Ajudou o fato de que as mensagens de e-mail são praticamente idênticas às da Usenet. Ambas apresentam os campos "Para:", "De:", "Data:", e "Assunto:" e seguem as mesmas regras de formatação – um documento histórico chamado RFC 822.

Como veremos adiante, esse tipo de reutilização é um padrão comum nos projetos bem-sucedidos dos 20%.

A primeira versão do Gmail foi muito básica. Buchheit não tivera tempo de providenciar a codificação adequada de suporte para mais de uma conta. Ainda assim, o programador não deixou que o estado rudimentar do Gmail o impedisse de mostrá-lo aos colegas, aos quais ele enviava um link para a ferramenta. "Eles diziam que achavam o Gmail pouco útil", criticou com sarcasmo, mais tarde, em seu blog, "mas que seria mais útil se o programa procurasse os seus e-mails em vez de os meus".

Como solicitado, o Gmail 2.0 permitiu que as pessoas procurassem seus próprios e-mails. Na terceira versão, os usuários podiam até mesmo responder às mensagens, mecanismo solicitado pelos cofundadores da Google, Larry Page e Sergey Brin, dois dos primeiros usuários do Gmail. Buchheit mais tarde acrescentou a "visualização das conversas", que exibia todas as respostas a um e-mail, um processo de execução unificado do aplicativo em uma única página, ocultando e-mails anteriores, anexados no rodapé das mensagens subsequentes. Por fim, Buchheit inventou uma forma de impedir que os colegas sobrepusessem mensagens. Eles teriam de ler todas as respostas prévias *antes* que pudessem enviar suas mensagens.

Assim como a ferramenta de busca do Gmail, a visualização da conversa foi acrescentada rapidamente, utilizando um código adaptado do Google Groups. Buchheit continuou lançando novos protótipos, um após o outro, todos internamente. Ele vinha praticando uma técnica de desenvolvimento de software cada vez mais utilizada: lance o produto incipiente e faça ajustes com frequência, disponibilizando várias novas versões. A dinâmica do código inicial do Gmail foi tão intensa que a interface do usuário foi reescrita umas seis vezes, e a base de dados, três vezes antes de o produto ser disponibilizado ao público.

À medida que aprimorava o Gmail, Buchheit foi metodicamente eliminando o que incomodava a ele e aos colegas de trabalho no dia a dia. "Toda vez que nos irritávamos com um detalhe", disse a Jessica

Livingston, "ou quando um dos usuários internos da Google se incomodava com alguma coisa, parávamos para pensar, equacionar os problemas subjacentes e achar soluções".

Buchheit declarou que o aperfeiçoamento rápido foi a chave para o sucesso do Gmail. Iteração é o fato de Buchheit ter transformado um site projetado por e para ele em algo útil para outras pessoas, o que lhe permitiu mostrar que estava incorporando as contribuições dos colegas, para obter feedback sobre falhas que ele não enxergava, e promover *brainstormings* para fazer o produto se tornar um sucesso. Brin e Page tornaram-se fãs incondicionais do Gmail desde o início, graças à sua participação nesse loop de feedback.

Buchheit mais tarde chamou o processo de desenvolvimento do Gmail de "uma abordagem humilde do design de um produto".

"Qual é a atitude correta? Humildade", escreveu em seu blog. "Não importa o quão esperto, bem-sucedido e qualificado você seja, você nunca sabe o que está fazendo. A notícia boa é que ninguém mais sabe, ainda que alguns sejam tolos o suficiente para achar que sim (e é por isso que você consegue superá-los)."

"Preste atenção. Observe o que funciona ou não. Experimente e faça ajustes. Questione suas suposições. Lembre-se de que muitas de suas convicções estão erradas. Fique atento aos sinais. Deixe de lado a vaidade no que se refere aos aspectos técnicos e de design. O que funciona funciona... você deve se disciplinar, perder cada vez menos tempo com conversas e focar cada vez mais o desenvolvimento de protótipos."

Qualquer pessoa que participe de um projeto dos 20% de tempo pode se beneficiar do tipo de loop de feedback iterativo que Buchheit estabeleceu ao desenvolver o Gmail. O pulo do gato é encontrar uma maneira de fazer um protótipo incipiente e depois avançar em pequenos passos. Se você for muito ambicioso, e os passos, grandes demais, as iterações levam mais tempo, e o loop de feedback perde a força – cada vez menos os colegas falarão sobre o projeto ou enviarão sugestões, haverá menos versões para testar e menor possibilidade de consolidação do projeto.

A melhor maneira de avançar aos poucos é manter o primeiro protótipo pequeno. No mundo das start-ups da área de tecnologia, essa minimização é chamada de criação do "produto minimamente viável". Embora seu ego, temores e superiores hierárquicos tendam a persuadi-lo a fazer um grande lançamento, a religião do produto minimamente viável prega as virtudes de começar aos poucos. Quanto antes lançar o produto, mais cedo você obterá feedback dos usuários sobre o melhor direcionamento do produto. Pode parecer desconcertante lançar um produto tão rudimentar quanto o Gmail 1.0. Porém, é bem melhor você passar por um pequeno constrangimento diante dos primeiros clientes do que nunca interagir com eles.

É difícil saber até que ponto fazer ajustes – até um projeto dos 20% de tempo, concebido por tempo suficiente, for considerado tanto conceitualmente provado quanto adequadamente desenvolvido. Buchheit, seguindo conselho do então CEO Eric Schmidt, decidiu que "o objetivo era obter satisfação de 100 usuários dentro da Google antes de lançá-lo", o que se tornou complicado. "Achei que seria fácil, a Google tem milhares de funcionários", confessou em um encontro de aspirantes a empreendedores, em 2008. "Ocorre, porém, que obter a satisfação é um desafio tão grande quanto fazer as pessoas declararem que estão satisfeitas."

"Literalmente conversamos com cada usuário. Entrávamos em contato com as pessoas e perguntávamos: "O que precisamos fazer para que você fique contente?", e, em alguns casos, elas pediam algo extremamente difícil. Nesses casos, respondíamos: "Bem, então é provável que você nunca fique satisfeito com o Gmail." Porém, com outras pessoas, constatávamos que pequenos ajustes seriam suficientes para que ficassem contentes, então os fazíamos, até que finalmente conseguimos satisfazer 100 pessoas. À primeira vista, 100 pessoas não parecem muito, mas como elas tendem a ser muito parecidas, se você consegue fazer 100 pessoas felizes, outras também ficarão."

Buchheit e a equipe que posteriormente reuniu usavam a iteração para superar a oposição dentro da Google. Afinal, a forma mais segura de acabar com o preconceito é apresentar provas conclusivas do contrário, e cada nova versão do Gmail era melhor que a anterior, provando que a Google poderia revolucionar o e-mail. Os aperfeiçoamentos de Buchheit convertiam mais céticos em aliados.

Eram muitos os céticos. O ex-funcionário da Google Chris Wetherell, que ajudou na criação do Google Reader, recorda-se de ter ficado surpreso com a capacidade de a equipe executar projetos.

"Você pode imaginar o que é trabalhar nesse projeto por dois anos?", ele me perguntou. "Trabalho incessante. Pouquíssimo feedback. Muitas interações [de interface], muitas. Algumas tão ruins que as pessoas pensavam: 'isso nunca vai dar certo, nunca vi nada pior.' Lembro-me de estar em uma reunião, e um dos fundadores [da Google], sem citar nomes, disse: 'esse projeto vai arruinar nossa marca, vai acabar com a empresa.'" (Buchheit disse que o desenvolvimento do Gmail foi difícil, mas não se lembrava de tão extrema oposição quando lhe perguntei sobre essa citação.)

Hoje, que o Gmail tem centenas de milhões de usuários e que o Google faz de tudo – desde um sistema operacional para smartphones, passando por softwares para escritório e plataformas de blogs –, é difícil imaginar que, durante vários anos, muitos funcionários da Google inicialmente se opuseram à ideia de se aventurar além da pesquisa, acreditando que a companhia deveria agregar apenas produtos de nichos, como pesquisas de notícias, de compras, da Usenet, como o Google Groups, e assim por diante. O Gmail levou a companhia a um patamar superior. "As pessoas sequer estavam seguras se deveríamos prosseguir", Buchheit admitiu a Jessica Livingston. "As opiniões oscilavam e, quando contrárias, era muito complicado."

Buchheit mais tarde escreveu: "Por um longo tempo, a maioria não gostava do projeto... Muitas pessoas achavam que deveríamos abortá-lo."

O engenheiro superou as objeções demonstrando como um sistema de e-mail poderia ser muito melhor quando dispunha de substanciais recursos de pesquisa. E não por acaso, a pesquisa foi a primeira ferramenta do Gmail; outros programas de e-mail eram péssimos, muito lentos para processar perguntas e, em muitos casos, não conseguiam pesquisar no corpo de um e-mail, somente na linha do assunto e em outros cabeçalhos. O Gmail, em contrapartida, fazia as pesquisas com tanta rapidez e abrangência quanto o Google.com.

E ele ficou cada vez melhor. Inicialmente, o Gmail não incluía os e-mails mais recentes, como Google.com, mas incorporava os novos dados a cada meia hora, aproximadamente, o suficiente para encontrar páginas da internet, porém demasiado lento para e-mail, e Buchheit fez os ajustes até que a questão fosse resolvida.

Aqueles que detestavam o Gmail também direcionavam as críticas no uso intenso que o Gmail fazia do JavaScript, a linguagem de programação embutida em todos os browsers. Quando o Gmail estava em desenvolvimento, o JavaScript era basicamente conhecido por gerar pop ups irritantes e animações infantis, e os detratores achavam que Buchheit estava investindo demais nisso. Alguns até mesmo defendiam a ideia de que o Gmail deveria ser reescrito como software nativo, que rodasse diretamente no PC.

Entretanto, enquanto trabalhava com o JavaScript, Buchheit foi ficando cada vez mais impressionado. Ele tinha começado a experimentar essa linguagem para atender a um pedido de um dos primeiros 100 usuários a quem queria satisfazer. Não havia como implantar o recurso pedido usando uma página HTML convencional, então Buchheit acrescentou trechos do JavaScript. O teste funcionou tão bem que ele passou a recorrer a essa linguagem de programação para agregar novos recursos. A linguagem acabou fazendo o Gmail parecer um programa de e-mail de desktop, como o Outlook, ao contrário de uma série de sites de e-mails esquisitos, como o Hotmail. Por exemplo, escrever uma mensagem no Hotmail poderia facilmente exigir um carregamento de quatro páginas: uma para "nova mensagem", uma para abrir o catálogo de endereços, uma para encontrar o contato e uma para selecionar o destinatário. No Gmail, você clicava apenas uma vez, e o JavaScript gerava um formulário de mensagem em branco imediatamente. Se você começasse a digitar o nome do contato, o Gmail oferecia opções para completar automaticamente o e-mail. Parecia mágica. Porém, esse recurso trouxe uma série de ajustes simples que Buchheit podia implementar, uma por vez – o botão instantâneo de "mensagem nova", a opção de completar automaticamente o endereço dos destinatários e finalmente a capacidade de enviar um e-mail sem ter de sair da página. Cada avanço provava a viabilidade do JavaScript.

A resistência à expansão do Google e do JavaScript foram meros prelúdios às objeções que Buchheit teria de aguentar com relação ao sistema de publicidade contextual que inventara, o AdSense, criado para custear as despesas crescentes do Gmail. Sua manutenção era cara porque o Gmail permitia que os usuários armazenassem um gigabyte de e-mails, aproximadamente 500 vezes mais que o espaço oferecido pelos concorrentes Hotmail e Yahoo!. A gerente de produto do Gmail, Marissa Mayer, uma das primeiras funcionárias e influente executiva, queria que Buchheit seguisse o caminho habitual para custear o programa – cobrar dos usuários o espaço extra. Porém, Buchheit se lembrou dos anúncios contextuais que o Google fornecia com os resultados de pesquisa. Afinal, eles geravam uma fortuna para a companhia.

O sistema de publicidade, chamado AdWords, funciona assim: se você buscasse, por exemplo, "férias em Paris", o Google exibiria um anúncio de um hotel de Paris, já que o próprio hotel selecionara aquelas palavras-chave para seus anúncios, sabendo que muitos turistas as utilizavam nas buscas. E se, Buchheit pensou, o Google pudesse inferir suas intenções – visitar Paris – a partir do seu e-mail, sem você ter de usar uma ferramenta de busca? Em vez de selecionar anúncios com as palavras-chave digitadas no Google.com, o AdSense selecionaria anúncios com base nas palavras-chave que filtrasse em uma mensagem no Gmail ou em qualquer página da internet.

Tecnicamente, era uma ideia brilhante, mas apavorante quando descrita em termos simples: *O Google lê seus e-mails para lhe enviar anúncios*. "À primeira vista, parece errado, não?", Buchheit perguntou à Jessica Livingston. "Todos odiavam a ideia... creio que chegaram a qualificá-la como profana."

Marissa Mayer estava pronta para extinguir o AdSense. O Gmail ainda não estava pronto, sequer conseguia enviar e-mails de forma confiável. De qualquer forma, ela queria manter a ideia de cobrar por mais espaço para armazenamento de mensagens, assim como o Hotmail e o Yahoo!.

"Eu dizia: 'Paul, Paul, Paul – os anúncios nunca irão funcionar.'" lembrou Marissa naquele podcast de Stanford. "Eu insistia: 'Você sabe, ou usaremos banners não direcionados, e as pessoas desenvolverão pontos cegos, péssimos em termos de eficácia, e nunca ganharemos dinheiro, ou enviaremos os anúncios para seus e-mails, o que pode ser sinistro. Os usuários se sentirão espionados; pensarão que estamos lendo seus e-mails e selecionando os anúncios, e será terrível.'"

"Não vamos nos preocupar com dinheiro", afirmou a Buchheit, a caminho do escritório, às 3 horas. "Vamos nos concentrar de fato em enviar, receber e ler e-mails."

Felizmente para Buchheit, os resultados empíricos sobrepujam os preconceitos na cultura da Google. Assim que ele superou parte do ceticismo sobre o Gmail, desenvolvendo um protótipo simples para mostrar às pessoas, Buchheit reverteria a crença de que o AdSense causaria pânico, submetendo-o aos críticos. Assim, a despeito da promessa à Marissa, ele construiu um protótipo, apostando que conseguiria provar que ela estava enganada.

Assim que Marissa saiu do prédio, Buchheit trabalhou rapidamente. Afinal, em pouco tempo ela estaria de volta. Buchheit queria não só aproveitar o resto da madrugada para criar o protótipo do AdSense, mas acabar com o truísmo mantido por tanto tempo na Google, segundo o qual o direcionamento automático de anúncios com base nos e-mails dos usuários seria basicamente inviável e exigiria um tipo hermético de ciência da computação, como a inteligência artificial.

A abordagem de Buchheit foi, mais uma vez, pelo mais simples, mas que pudesse funcionar. Iluminado pelo brilho do monitor, recuperou no editor de códigos um filtro de software que criara para triar conteúdo adulto. Normalmente, o filtro analisava uma quantidade enorme de páginas pornográficas e listava as palavras que apareciam nas páginas, mas que não se referiam necessariamente à pornografia, pois, caso contrário, outras páginas que contivessem as mesmas palavras seriam injustificadamente consideradas pornográficas. Buchheit, em vez disso, direcionou o filtro às mensagens do Gmail, utilizando as palavras-chave resultantes para selecionar anúncios do banco de dados do AdWords. Em outras palavras, ele adaptou o filtro pornográfico para o AdSense, assim como fez com a ferramenta de busca da Usenet para o e-mail.

Depois de diversas rodadas de edição e depuração, a adaptação de Buchheit funcionou. Ele enviou o AdSense para o Gmail de todos os colegas antes de finalmente se levantar da cadeira. Já eram 7 horas quando saiu trôpego do escritório, Marissa disse mais tarde (Buchheit não se lembra de que era tão tarde).

Marissa descobriu o AdSense horas depois de ser criado, quando chegou ao escritório na manhã seguinte. Em pânico quando se deparou com os anúncios bizarros nas margens de suas mensagens no Gmail, Marissa chegou a pensar em ligar para Buchheit e exigir que os retirasse. Porém, ele trabalhara a noite toda, de acordo com os registros da Google, e, provavelmente, àquela altura, estaria em casa se preparando para dormir. Embora temesse que tanto Page quanto Brin pudessem ver o AdSense e adorá-lo – eles tinham "opiniões peculiares sobre privacidade e sobre o que consideravam ou não estranho", Marissa admitiu mais tarde – ela considerou mais importante conceder, merecidamente, algumas horas de sono a Buchheit.

Enquanto aguardava, Marissa verificou seu Gmail. Havia um e-mail de um amigo que a convidara para uma caminhada – e, ao lado da mensagem, um anúncio de botas para caminhadas. Outro e-mail falava sobre Al Gore, que daria palestra na Stanford University – e ao lado, um anúncio de livros sobre Al Gore. Poucas horas depois da invenção do sistema, Marissa relutantemente admitiu, AdSense era útil, divertido e relevante. Naturalmente, nem todos na Google se tornaram fãs da ferramenta. "Não me lembro de ter recebido muitos feedbacks positivos quando eu chegava para trabalhar", reconheceu Buchheit. "Pessoas aleatórias me diziam nos corredores não terem gostado dos anúncios."

No entanto, as pessoas certas pareciam ter gostado. Assim como Marissa, Page e Brin adoraram o AdSense. Em um curto período, o alto comando da Google decidiu que a ferramenta seria prioridade. Não era preciso ser um gênio para entender por quê. A principal fonte de receita da Google, AdWords, trazia anúncios contextuais junto com os resultados das buscas, que representavam apenas 5% das consultas na internet. Já o AdSense prometia disponibilizar os 95% restantes aos anúncios, uma vez que podia acessar *qualquer* página da internet.

"Não há dúvida de que Larry e Sergey perceberam o potencial da ferramenta e rapidamente engendraram um projeto para torná-la real", Buchheit me contou. "Sem sua disposição destemida para novas ideias e projetos, muitas realizações importantes nunca teriam acontecido."

Mesmo que você não possa contar com os fundadores da companhia para fazerem o teste beta com seu produto, como aconteceu com Buchheit, ainda assim você pode tirar lições dessa história, como a inquietação do engenheiro, que o levou a desobedecer a orientações, e sua disponibilidade de adaptação.

Ao ignorar a orientação direta de Marissa Mayer, das 3 às 7 horas de determinado dia, Buchheit demonstrou que um pouco de rebeldia pode gerar enormes benefícios. Não que ele tenha arriscado o próprio emprego. Se a experiência fosse malsucedida, ele poderia ter responsabilizado a falta de sono. E tinha conquistado certa prerrogativa, considerando a quantidade de horas extras que trabalhou. Se você acha que também tem prerrogativas, fique atento para detectar oportunidades que justifiquem uma rebeldia estratégica.

Você também deveria tentar seguir o exemplo de Buchheit na adaptação de antigos trabalhos. No caso do Gmail, Buchheit reutilizou o mecanismo de pesquisa da Usenet. Para o AdSense, porém, ele adaptou um filtro de conteúdos pornográficos. Como não começara do zero, Buchheit escapou dos *bugs* e acelerou o desenvolvimento. "As pessoas costumam achar que problemas difíceis exigem soluções complexas", Buchheit comentou com o engenheiro Kaustubh Katdare, "porém, constatamos que em geral acontece o contrário".

Esse tipo de adaptação é um padrão não apenas no desenvolvimento de softwares, mas na culinária, na política e em qualquer situação em que as pessoas tentem simplificar a criação de produtos resolvendo problemas. Por mais tentadora que seja a ideia de começar da estaca zero, sempre procure oportunidades de reutilizar algo antigo para uma nova criação. No setor colaborativo de tecnologia, costuma-se dizer que as pessoas que não dominaram a técnica da reutilização adaptada contraíram a síndrome do "Não Inventado Aqui", que as impede de enxergar ou apreciar as inovações de outras pessoas ou empresas. Contrair a síndrome do "Não Inventado Aqui" significa perder tempo reinventando a roda. Quando você estiver trabalhando nos 20% de tempo, com pouco tempo para desperdiçar, sofrer de NIA pode ser especialmente prejudicial.

Buchheit continuou a aprimorar o AdSense e dar tempo para que fosse absorvido pelos colegas. E isso aconteceu; logo, outros colegas de trabalho já elogiavam o sistema.

Demorou apenas seis meses para o lançamento do AdSense ao mercado. A plataforma dos anúncios foi lançada em junho de 2003 como produto independente, um dispositivo de publicidade que qualquer editor – desde um blogueiro solitário até uma gigante da mídia – poderia anexar a qualquer página da internet. Ele gera aproximadamente US$10 bilhões por ano, a segunda maior receita da Google depois do AdWords. O AdSense, originalmente projetado para aprimorar o Gmail, foi lançado em 1º de abril de 2004, após dois anos e meio de desenvolvimento. (Por causa da data, algumas pessoas pensaram que o produto e a sua extraordinária capacidade de armazenamento de mensagens, de até 1 gigabyte, fossem uma "pegadinha" engenhosamente elaborada.) O Gmail foi a ferramenta de e-mail com crescimento mais rápido, e conta hoje com mais de 200 milhões de usuários. Tudo porque um engenheiro determinado quis resolver um problema que vinha enfrentando no escritório.

A experiência de Buchheit contém importantes lições sobre como desenvolver um projeto dos 20% de tempo: reserve tempo para trabalhar no que lhe dê prazer e, se necessário, seja um pouco rebelde, faça um rápido protótipo para demonstrar sua ideia e disponibilize aperfeiçoamentos rapidamente.

Mas também há lições sobre vender, alimentar e proteger um projeto dos 20% de tempo na forma como Buchheit adaptou-se ao ambiente corporativo.

Como qualquer pessoa que tenha desenvolvido um projeto paralelo poderá atestar, é extraordinário que Buchheit tenha conseguido obter recursos suficientes da Google para sustentar o Gmail durante dois anos e meio antes de o produto ser lançado ao mercado, particularmente num momento em que a companhia ainda não havia estabelecido a cultura dos 20%.

Buchheit teve sorte de poder contar com pessoas influentes dentro da empresa que se tornariam usuários do produto e foi esperto o suficiente para tirar proveito disso. Ele tinha amizade com Marissa Mayer, funcionária número 20 e de extrema importância na Google. Os cofundadores Page e Brin foram pilotos de prova, entusiasmados com o Gmail desde o início. Essas conexões conferiram a Buchheit a margem de manobra para desafiadoramente criar o protótipo do AdSense e lançar as sementes em solo fértil para que sua ousadia fosse aceita e se tornasse produtiva. O AdSense, por sua vez, foi o agente financeiro que possibilitou o Gmail. Ter amigos poderosos foi sem dúvida importante também para Buchheit, enquanto esteve sob a mira dos puristas da Google, que não queriam que a companhia se expandisse além das pesquisas, ou quando ele precisou de mais pessoal ou de mais discos rígidos para o Gmail.

Wetherell tem uma história ilustrativa do que pode acontecer na Google quando o projeto dos 20% não conta com patrocinadores e com o apoio relevante que o Gmail obteve. Seu projeto, o Google Reader, evoluiu para o agregador proeminente do mercado de RSS feeds, que gera itens de notícias em formato aberto. Porém, o projeto acabou se tornando uma espécie de ovelha negra dentro da Google, desprovido de recursos e sem autorização para aproveitar as oportunidades de se integrar a outros produtos.

O Google Reader agiliza a navegação na internet. Com o Google Reader, você se mantém atualizado em relação aos seus blogs e sites favoritos, com rápido acesso às atualizações. Você também pode organizar um grupo de sites em pastas e visualizar informações desses sites ao mesmo tempo, selecionadas por data. Wetherell começou a desenvolver esse recurso depois de perceber a facilidade de adaptar os softwares que havia escrito para analisar feeds de notícias de um browser. Sua intenção era deixar as pessoas agregarem feeds no próprio browser e identificá-los com *tags*.

Wetherell, incumbido de desenvolver o Blogger da Google, pediu tempo livre para aprimorar a ideia e, graças aos 20% de tempo, obteve autorização. Wetherell me disse: "Era fácil me aproximar das pessoas, puxar conversa e dizer: 'Posso me dedicar ao desenvolvimento desse projeto por um tempo, se não houver objeção?' E era igualmente fácil para elas responderem: 'Olha, nos sentimos confortáveis até este ponto: se precisa de um dia, vá em frente.' Eles se sentiam protegidos. Se alguém questionasse, eles tinham uma justificativa: 'Ele estava usando os 20% naquela sexta-feira.'"

Wetherell tinha conquistado os chefes e era capaz de enfrentar as críticas do processo de revisão que a Google estabelecera para a validação de novos produtos. O Google Reader inicialmente fora definido como subproduto de uma home page chamada iGoogle, que podia ser configurada pelos usuários e já contava com aprovação. Além disso, o Google Reader conseguiu atrair dois funcionários de muitos anos, que podiam incluir softwares nos servidores da Google sem passar pela cadeia normal de comando.

Vale a pena considerar essas táticas se você quiser que um projeto paralelo ganhe destaque rapidamente: tente obter recursos com o apoio financeiro de algum projeto em andamento e que esteja em fase mais avançada e que, portanto, possa alavancar o acesso aos administradores do sistema e dos computadores. Buchheit utilizou um subterfúgio semelhante para lançar o AdSense, ao trabalhar na publicidade contextual quando deveria se dedicar ao desenvolvimento do Gmail propriamente, e obteve condições de lançá-lo graças ao acesso privilegiado aos bancos de dados que alimentavam o sistema de publicidade original do Google, o AdWords.

Porém, o fato de o Google Reader não ter grande exposição se tornou um problema, pois, exatamente por isso, nunca encontrou um grande patrocinador nos principais executivos da Google. "Frequentemente, tínhamos de enfrentar o problema de estar utilizando os 20% de tempo e ter de lançar algum produto. Como as pessoas com poder de decisão não são as que criaram o sistema, em geral precisam ser convencidas do valor dos 20%", Wetherell definiu. "Eles dizem: 'Bem, acabo de descobrir alguns fatos. Existe esse site de vídeos chamado YouTube, que parece estar fazendo muito [sucesso], e eu preciso levantar recursos para isso... por que deveria ligar para o seu projeto?'."

"As pessoas usavam [o Google Reader] diariamente. Elas acordavam e o acessavam imediatamente, e não podiam mais viver sem ele. E isso acontecia com muita gente, mas não tanto quanto com as buscas. Não era a mesma quantidade de pessoas que utilizam o Google Maps."

Impaciente com o Google Reader, o alto comando da Google acabou forçando um lançamento prematuro, convocando a equipe do Google Reader a finalizar a tempo de participar da conferência da Web 2.0 de 2005, dali a um mês. Àquela altura, o Google Reader vinha sendo desenvolvido havia apenas seis meses, e sequer permitia que o usuário se cadastrasse para receber os feeds, entre as mais básicas funções que um leitor de feeds pode ter. O Google Reader melhorou substancialmente nas versões subsequentes, porém nunca conseguiu apagar o estigma do lançamento precipitado.

"Não há dúvida de que isso nos prejudicou no longo prazo, principalmente em termos de onde o evento nos posicionou definitivamente dentro da empresa. Para sempre. Cansamos de ouvir: 'Não vamos nos envolver. Não podemos associar nosso produto forte ao produto fraco de vocês.' Foi uma decisão terrível e uma enorme lição para mim pessoalmente... a de que se você for o principal colaborador de um projeto ou produto e se não controlar a data do lançamento ao mercado, você pode ter problemas."

Outro acerto de Buchheit foi aceitar o caos que o rodeava na Google, uma companhia que acolhia a desordem que naturalmente ocorre nas companhias com crescimento rápido, em mercados que mudam com muita rapidez e entre funcionários proativos e criativos. De fato, em uma compilação de estudos de casos da Harvard Business School, o especialista em Administração, Gary Hamel, chamou o sistema de administração da Google de "modelo de administração à beira do caos", uma descrição apropriada para uma companhia estruturada de muitas maneiras, como a própria internet: um lugar de feedback franco, de ideias que surgem rapidamente e de hierarquias achatadas. Os encontros internos são informais; os funcionários trocam opiniões ruidosamente e desconsideram completamente o status e a hierarquia. Todos têm o direito de serem levados a sério. O processo de inovação pode ser brutalmente darwinista; a vice-presidente Marissa Mayer estimara que 80% dos experimentos fracassariam no fim.

Buchheit tirou vantagem desse ambiente impiedoso. Em vez de se irritar quando seu querido projeto foi considerado "destruidor de marca" e "a pior coisa já feita", como Wetherell se recorda, ele analisou profundamente as críticas, estabelecendo como objetivo obter 100 usuários satisfeitos com o produto. Qualquer pessoa que estiver produzindo um projeto paralelo precisa aceitar até mesmo a crítica mais desestimulante de maneira igualmente humilde e construtiva, de acordo com os princípios da doutrina dos 20% de lançar novas versões rapidamente e de transmitir aos outros as lições aprendidas. Se você não prestar muita atenção à avaliação de terceiros ao seu trabalho, fica muito, muito mais difícil melhorar o produto.

Claro, Buchheit fez mais do que apenas ouvir as sugestões e críticas francas dos usuários. Ele também testou soluções para os problemas. A Google transformou os testes, medições e análises estatísticas num ato quase religioso. Mesmo os altos executivos da empresa precisam cumprir a regra de fundamentar suas ideias com dados. Para ajudar a provar o valor de uma ideia que apoiavam, um enorme arquivo digital de livros, Marissa Mayer e Page chegaram ao ponto de fixar um livro de 300 páginas em uma placa de madeira compensada, fotografar cada página e passar as imagens pelo software de reconhecimento de caracteres, tudo para demonstrar que levaria somente 40 minutos para digitalizar um livro.

Buchheit fez muitos testes com o Gmail também. De fato, uma característica-chave de sua abordagem interativa foi fornecer muitas oportunidades para os usuários realizarem testes e reunir informações dos resultados. "Muitos recursos pareciam brilhantes, até a hora de testá-los", escreveu mais tarde em seu blog. "Outros pareciam confusos e problemáticos, mas uma vez que começávamos a analisá-los, esquecíamos os problemas teóricos. A maior vantagem desse processo era que eu não precisava convencer ninguém sobre as minhas ideias. Escreveria um código, o disponibilizaria ao mercado e observaria a resposta. Normalmente, todos (inclusive eu mesmo) acabariam odiando a ideia, independentemente de qual fosse, porém sempre aprendíamos com a experiência, o que poderia levar a outras ideias."

Os testes devem se tornar sua obsessão se estiver tentando obter apoio para um projeto paralelo. O teste iterativo irá ajudá-lo tanto no aprimoramento do produto quanto em transformá-lo num caso de negócios. Da mesma forma que ocorreu com o teste de digitalização de livro de Marissa Mayer, o tipo correto de teste pode ajudá-lo a definir o tempo e os recursos que um projeto demandará e se será tecnicamente viável. Com essas informações, você pode construir um cenário realista de como seu produto poderá ser rentável.

Outro acerto de Buchheit foi administrar o projeto horizontalmente, em vez de se manter apenas no topo da cadeia de comando. Em outras palavras, ele efetivamente procurava os colegas em busca de ideias, críticas e apoio e convocava alguns para a sua causa. Esse tipo de comportamento é importante nos projetos no estilo dos 20% de tempo, mas, no caso da Google, é crucial, pois a hierarquia é muito achatada, e os funcionários têm muita liberdade para participarem de vários projetos simultaneamente. Na Google, os funcionários foram organizados em pequenas equipes; quando Hamel analisou a empresa, as equipes tinham em média três engenheiros, embora tenham crescido desde esse estudo, passando a ter seis engenheiros. Os funcionários trabalham sob o comando de poucos gerentes; o gerente médio de desenvolvimento de produto teve mais que cinquenta relatórios diretos, de acordo com Hamel, embora alguns tivessem até mais de cem. A estrutura da administração parece um pouco mais vertical nos últimos anos.

Em algumas formas, a Google se assemelha a uma faculdade, pois a maioria das pessoas faz muitas coisas ao mesmo tempo. Um engenheiro-padrão da Google faz parte de diversas equipes e é encorajado a se transferir para um projeto de sua escolha. As agendas podem ser muito fluidas; o sistema dos 20% de tempo significa que as pessoas podem tirar um dia por semana para trabalhar no que quiserem, mas também significa que podem trabalhar por 10 meses em um produto central da companhia e depois dois meses em qualquer outro projeto que escolherem, assim como um aluno nas férias de verão. E a Google historicamente não fez qualquer esforço para supervisionar o que um funcionário poderia fazer em um desses períodos de experimentações.

A Google encoraja a comunicação entre pares com uma variedade de sistemas on-line. No nível individual, pode ser tão simples quanto uma troca de e-mails – uma enorme parte da cultura da Google

– ou mensagens instantâneas. Os sistemas mais especializados incluem, no nível individual, um site do tipo *Snippets*, em que os engenheiros fazem postagens semanais, compartilhando suas atividades. No nível de projeto, a Google disponibiliza na intranet um sistema chamado MOMA, que confere às centenas de projetos da empresa sua própria segmentação de conversas (*threaded conversation*). No nível de grupo, há a Lista Misc, um fórum informal conectado a todas as equipes da Google e utilizado para comentários e sugestões. No nível da companhia, há um evento semanal chamado TGIF, em um café no Googleplex, onde os cofundadores Larry Page e Sergey Brin falam sobre aspectos importantes e novas contratações e respondem a perguntas.

Nem todos esses sistemas existiam quando Buchheit começou a desenvolver o Gmail. Ainda assim, o engenheiro fez um bom trabalho, comunicando-se com os colegas. Em parte, por necessidade; devido à cota generosa de um gigabyte de armazenamento, o Gmail "devorava" discos rígidos, e Buchheit saiu em busca deles em todos os cantos da organização, inclusive pediu aos colegas de outros grupos que lhe cedessem os seus sobressalentes. Alguns meses depois de iniciar o desenvolvimento do Gmail, Buchheit trouxe para o grupo os colegas Sanjeev Singh e Jing Lim, engenheiros da Google. Quando o Gmail foi lançado, a equipe já contava com uma dúzia de pessoas.

Uma das razões pelas quais o Gmail atraía os programadores de nível mundial da Google era por ser, inicialmente, tão ruim. Os engenheiros, lembre-se, gostam de consertos. E, como outros profissionais criativos, gostam de exibir suas habilidades. Wetherell usou essa característica em benefício próprio nos primeiros dias do Google Reader, enquanto tentava montar uma equipe.

"Cheguei muito rapidamente ao limite da minha capacidade como engenheiro", afirmou. "Apesar de trabalhar na Google como engenheiro de software sênior, não era tão bom quanto os outros... mostrei minhas tentativas iniciais a um engenheiro, um sujeito chamado Mihai Parparita. Eu disse: 'Creio que há muitas coisas interessantes aqui, tenho algumas ideias e acho que fiz um bom trabalho.' E enquanto eu falava, pensava: 'não, não fiz'. Ele olhou [para o código], e eu pensei que ele sairia correndo da sala. Ele logo detectou as falhas e então me disse: 'precisará de muitos ajustes.' Porém, aquilo o inspirou; ele demonstrou seu entusiasmo e dedicou mais tempo para pensar a respeito."

Independentemente de Buchheit ter implorado por discos rígidos ou Wetherell pedir conselhos na tentativa de escrever uma estrutura flexível de software para o Google Reader, mostrar as deficiências e necessidades é frequentemente a melhor maneira de obter ajuda dos colegas, em vez de esconder as vulnerabilidades. Um projeto no estilo dos 20% em dificuldades para decolar pode tirar inspiração da folclórica história sobre a sopa de pedra. Nessa história, viajantes esfomeados não conseguem qualquer alimento ao chegarem a um vilarejo, então enchem a panela com água e uma pedra, aguçando a curiosidade dos moradores. "O que você está fazendo?" um deles pergunta. "Sopa de pedra", responde. "É ótima, mas ficaria melhor se a gente acrescentasse um acompanhamento." O morador contribui com umas cenouras. Outro se aproxima e faz a mesma pergunta, para a qual recebe a mesma resposta. Ele, então, oferece pedaços de carne. O processo de curiosidade e compartilhamento é repetido com outros moradores, que oferecem temperos, legumes e assim por diante. No fim, a sopa de pedra se transforma em sopa de verdade.

Da mesma forma, um projeto paralelo torna-se um projeto real por meio de um processo de acumulação. Um pouco de ajuda aqui, um pouco ali. Quando você constrói um produto assim, precisa demonstrar a mesma combinação de confiança e necessidade como o cozinheiro da sopa de pedra, ou como Buchheit e Wetherell. De um lado, venda a sua visão e a grandiosidade do seu projeto. De outro, não esconda o fato de que precisa de ajuda. Seus melhores aliados potenciais não se assustarão com isso; ficarão animados.

# 2

20% por baixo

Como as limitações da Flickr fizeram fortuna

Hoje, não há dúvida de que o Flickr é um produto brilhante; o primeiro grande site de fotografias do mundo armazena mais de seis bilhões de fotografias e gerou US$30 milhões declarados pelos criadores. Porém, o Flickr quase fracassou antes de decolar. "A votação estava, na realidade, empatada", disse Caterina Fake, lembrando-se do referendo que ela e seu sócio, Stewart Butterfield, haviam convocado para determinar se sua start-up falida deveria servir de base para o que veio a se tornar o Flickr. "Éramos seis para votar, porém Stewart e eu persuadimos Eric Costello a votar conosco, então o fizemos mudar de lado... Tinha um sujeito que não gostava do conceito do Flickr e votara contra; então foi trabalhar em outra [companhia] semelhante à classmates.com."

O voto decisivo é apenas uma ilustração do quão contencioso pode ser lançar um projeto no estilo dos 20% numa start-up: os recursos são limitados; não há capital, pessoal ou tempo para desperdiçar e não há margem para erros. Ao consumir atenção preciosa, o Flickr representava esperança e um desafio potencialmente fatal para a companhia canadense de video game na qual se originou.

Porém, os escassos recursos foram precisamente o que tornou o Flickr bem-sucedido. Uma sede quase desesperada de vencer rapidamente, de acumular usuários e receita, motivou a equipe do Flickr a ouvir os usuários. A falta de dinheiro e de outras vantagens os expôs ao provisório e ao não convencional. No final, foram as *necessidades* dos fundadores que os levaram a reconstruir a empresa em torno do Flickr – a necessidade de receita, de foco e de assumir riscos. A forma magistral com que transformaram desespero em recomeço foi batizada de "pivô", conceito amplamente adotado entre as start-ups no Vale do Silício, incluindo os desenvolvedores do Twitter.

Qualquer pessoa que esteja lançando um projeto no estilo dos 20% com poucos recursos deveria estudar o Flickr e, em particular, a análise de suas próprias limitações. Qual é o projeto dos 20% que *não* tem limitações de recursos? É muito raro um projeto que tenha recursos de sobra. Para início de conversa, um projeto que tenha recursos de sobra não pode ser chamado de paralelo. Mas é possível transformar a falta de dinheiro em vantagem. O Flickr é um estudo de caso sobre como o fato de ter pouco tempo e dinheiro pode se transformar em poderosa motivação. A maioria das coisas que tornou o Gmail um sucesso – um protótipo básico, ajustes rápidos e uma desafiadora bravura – está catalisada na força de vontade que se adquire numa situação difícil. O Flickr tornou prazos impossíveis e uma conta bancária vazia em aliados, e você também pode fazer isso.

O Flickr nasceu como último recurso. "Estávamos sem dinheiro", confessou Caterina.

Ela fundara sua start-up havia um ano e meio, com o marido, Stewart Butterfield, e o amigo programador, Jason Classon. A lua de mel de Caterina e Butterfield recém-terminara e uma atmosfera de folia permeava o novo empreendimento, que haviam chamado de Ludicorp, em função da palavra latina *ludus*, que significa "brincar".

O único produto da Ludicorp, um jogo on-line para vários usuários simultâneos, chamado Game Neverending, foi inspirado pelos jogos de internet que Caterina e Butterfield jogaram enquanto faziam pesquisas para um site infantil que Butterfield desenvolvera para a Canadian Broadcasting Corporation. Tinha um estilo peculiar: em vez de explodir inimigos, matar dragões ou pilotar uma nave espacial, como nos outros jogos, os jogadores interagiam socialmente. Podiam formar alianças, deixar mensagens e inventar objetos. O jogo se passava em um mundo gráfico imaginário, como o do NeoPets, jogo em que se cuida de animais de estimação, no qual Caterina se viciara. O Game Neverending também apresentava elementos sociais, inspirados por um antigo ambiente de aventura com base em texto chamado LamdaMOO. O elemento social do Game Neverending capitalizava na experiência de Caterina em moderar comunidades on-line para a Netscape e para a extinta revista on-line *Electric Minds*.

O Game Neverending deveria ser "leve", de acordo com Caterina, um precursor dos jogos divertidos que as pessoas agora jogam no Facebook. Da mesma maneira, a Ludicorp também era um empreendimento enxuto. A companhia foi fundada em 2002, depois que o *boom* das pontocom se transformara em grave recessão. Era difícil achar investidores, então Caterina e Butterfield financiaram o empreendimento com dinheiro de amigos e familiares, e com a renda de uma empresa que Butterfield e Classon tinham vendido havia poucos anos. A fim de economizar, a Ludicorp tentou explorar a crise econômica, começando com o aniquilado mercado mobiliário corporativo; ela economizou fazendo sublocação, tipo de arranjo que nenhum locador teria aceitado dois anos antes. A companhia também contratou de forma conservadora, chegando a um máximo de sete empregados nos 30 meses como companhia independente.

"Acredito profundamente nas dificuldades", relatou Caterina. "Realmente acredito que resultam em criatividade. Se você só dispõe de um pedaço de barbante, um monte de areia, o número do telefone de um açougueiro em Aleppo e 30 pesos argentinos, consegue sair do Camboja e ir para Detroit? Tenho certeza de que é possível."

O Game Neverending foi difícil de vender; as pessoas ainda não estavam acostumadas com os jogos de internet ou aventuras não lineares. Contudo, a pequena equipe da Ludicorp trabalhava sem parar, iterativamente aperfeiçoando o produto. Eles imaginavam que se acrescentassem jogadores de forma incremental, acabariam acumulando clientes suficientes para levantar capital, refinar o jogo e torná-lo rentável.

Porém, os capitalistas de risco estavam ainda mais confusos com o Game Neverending que os consumidores. A maioria dos jogos era vendida em CDs ou cartuchos; o Game Neverending baseava-se na internet. A maioria dos jogos envolvia missões e objetivos claros; o Game Neverending era não linear e investigativo. A tarefa de angariar fundos era tão exaustiva quanto infrutífera.

"Hoje em dia, há incontáveis empresas desenvolvedoras de jogos sociais; porém, na época, os capitalistas de risco não compreendiam", Caterina relatou. "Os investidores perguntavam: 'Podemos comprar o jogo na CompUSA? Dá para jogar Paciência?' Os jogos leves eram praticamente desconhecidos. Só havia o Tetris ou Paciência. ... Era constantemente frustrante... não encontrávamos financiamento de forma alguma."

O Game Neverending contou com um séquito de fãs determinados, mas o número não era suficiente para reverter a realidade financeira. A Ludicorp já tinha praticamente gastado todo o capital semente em dezembro de 2003. O jogo, ainda em versão beta, estava longe de ser finalizado, muito menos, rentável. A situação estava feia.

Porém, pairava no ar uma ideia sobre como a companhia poderia ser salva. A sugestão veio da equipe de desenvolvimento da Ludicorp. Na pressa de tentar terminar o Game Neverending, o código, a interface, estava muito mais adiantada que o banco de dados do jogo, armazenado nos servidores da empresa. Do tédio surgiu uma ideia: Por que não utilizar a tecnologia de mensagens instantâneas já incorporada ao Game Neverending para outra finalidade? Os programas de mensagens instantâneas eram, na época, apenas de texto. Parecia haver demanda para um programa que transplantasse a forma gráfica de imersão social do Game Neverending para o mundo real. Essa ideia, que em última instância evoluiu para o Flickr, foi a base daquele referendo fatídico da Ludicorp.

O fato de os fundadores da Ludicorp terem até mesmo considerado confiar os rumos da companhia ao voto de um funcionário revela a crença extrema nos instintos criativos da equipe. Proporcionar a liberdade criativa é um dogma central da doutrina dos 20%, e Caterina e Butterfield apoiavam totalmente a liberdade criativa. Quando alguns engenheiros tinham um tempo livre, a Ludicorp os liberava para se tornarem, plagiando Caterina, "hackers inquietos", trabalhando nas horas vagas à moda dos 20%. Enquanto programavam experimentalmente, surgiu a ideia que resultaria no Flickr, o conceito sob votação na companhia.

O referendo do Flickr era sobre o "pivô" – reorientação completa de uma companhia em torno de um novo produto ou ideia. O conceito tornou-se comum no Vale do Silício nos últimos anos, à medida que os avanços tecnológicos continuam a reduzir os custos de reorganização. É pouco provável que você consiga lançar mão desse conceito, especialmente se (diferentemente da Ludicorp) sua empresa tiver muitos funcionários. Porém, o conceito em si continua valioso. Você deve se dispor a usar o conceito em seu próprio projeto paralelo nas condições adequadas, quando não consegue sair do lugar com as ideias antigas e parece ter encontrado uma melhor. Um pivô em projeto paralelo é especialmente indicado se você amealhou pessoas suficientes para compor a equipe e se estiverem entusiasmadas com a mudança. Como Caterina e Butterfield demonstraram, existem poucas maneiras melhores de estimular a liberdade criativa da equipe do que confiar a eles os rumos da empresa.

Os pivôs parecem andar lado a lado com um problema comum dos 20%: um súbito esgotamento dos recursos. No caso da Ludicorp, o golpe foi particularmente dramático.

"Não dispúnhamos de dinheiro suficiente para terminar o jogo", lembra-se Caterina. "Será que deveríamos continuar insistindo ou tentar a ideia de compartilhamento de fotos? O referendo foi para resolver essa questão." O pivô das fotos ganhou por quatro votos contra dois, depois de um tenso empate, Caterina explicou.

"No dia 8 de dezembro, começamos", ela disse.

A primeira iteração do Flickr, chamada de FlickrLive, foi feita em um arranque intenso de codificação que levou oito semanas. Foi além do básico. Mais uma brincadeira que um produto propriamente dito, de acordo com Caterina, tratava-se basicamente de um aplicativo de IM (Instant Messages – mensagens instantâneas) que podia enviar arquivos de fotos para os computadores e criar grupos de destinatários de fotos e de bate-papo sobre as imagens. Em outras palavras, era como outros programas IM que existiam no mercado, porém com a habilidade de enviar e receber fotografias. Setenta e cinco por cento de seu código foram extraídos do sistema de IM do Game Neverending.

Da mesma forma que Paul Buchheit tinha feito com o Gmail e o AdSense, a equipe do Flickr estava adaptando um trabalho antigo de maneira original. Essa ética da reutilização é comum nos projetos dos 20%. É por isso que a doutrina dos 20% diz que devemos construir um protótipo rapidamente ("pior é melhor") e lançar novas versões logo depois. Os trabalhos existentes influenciam o anterior por oferecer uma vantagem inicial, e o posterior, porque é mais fácil trabalhar e aperfeiçoar algo que você já conhece. Quando estiver lançando um projeto paralelo, busque sempre pelas oportunidades de reutilizar trabalhos anteriores, assim como fez o Flickr.

A equipe do Flickr definitivamente preferia lançar algo do que avançar no estado da arte.

"Se você lançou um produto que não o constrange, é porque você esperou demais", sentenciou Caterina.

No meio do processo de desenvolvimento do FlickrLive, um golpe de sorte aliviou um pouco a pressão: um empréstimo federal sem juros de US$150 mil. O mesmo empréstimo já fora negado à Ludicorp. Os fundadores enviaram o mesmo formulário novamente em outro momento e, para sua surpresa, foram aceitos. "No dia 23 de dezembro, recebemos [a] carta do governo canadense", recorda Caterina. "Como no Natal... um golpe de sorte inesperado." O dinheiro deu à Ludicorp mais tempo e permitiu que continuassem a trabalhar no FlickrLive e no Game Neverending.

Uma versão rudimentar do FlickrLive foi exibida na conferência O'Reilly Media's Emerging Technology, da editora de tecnologia

O'Reilly, em fevereiro de 2004. A versão rebatizada como "Flickr". teve uma calorosa recepção; o *eWeek* e o *Guardian* escreveram sobre o protótipo, e, segundo o jornal, "o Flickr da Ludicorp tinha potencial para se tornar um site importante".

A primeira versão beta pública do Flickr foi lançada logo em seguida. A equipe continuou aperfeiçoando o trabalho. O empréstimo do governo concedeu apenas um respiro com prazo limitado para o Flickr e a equipe de meia dúzia de pessoas. A ferramenta precisava ser aprimorada rapidamente, com o mínimo possível de funcionários, o que exigiu um preço de todos. Caterina escreveu em seu blog que trabalhava de 14 a 18 horas por dia. "Não paramos", escreveu. "Trabalhamos arduamente."

Esse ritmo foi especialmente sentido no início, quando o Flickr parecia não atrair usuários, apesar de contar com cada vez mais elementos, em constante aperfeiçoamento.

"Ele tinha um problema de massa crítica", reconheceu Caterina. "Foi lançado, começou a encolher e quase morreu."

"Amealhamos mil usuários, talvez dois mil, no lançamento na conferência Emerging Technology e ficamos muito contentes com isso. Foi um número relevante. Entretanto, em algum momento, em março, me lembro de ter me sentido desmotivada quando recebemos o cancelamento de assinaturas de 10 pessoas em um dia. Foi muito desanimador."

A característica que fez o Flickr realmente decolar foi a capacidade de fazer o upload de uma foto diretamente numa página da internet, onde poderia ser visualizada na hora, em vez de ter de utilizar um software especial do Flickr para transmitir o arquivo para o computador de outra pessoa, que teria depois de ser aberto manualmente para a visualização das fotos.

As iterações subsequentes permitiram que as pessoas acrescentassem títulos, descrições e comentários às fotos. A popularidade do Flickr aumentou quando o site permitiu que as pessoas classificassem as fotos com uma lista de palavras-chave. A busca por palavras-chave se tornou uma forma popular de encontrar fotos interessantes no Flickr.

Quando a embaixada australiana em Jacarta, Indonésia, foi bombardeada, em setembro de 2004, no início do desenvolvimento do Flickr, três usuários diferentes do site carregaram fotos após o bombardeio, todos com o título "Jacarta". Aquilo foi uma exibição impressionante de conexão global para um site que, naquela ocasião, contava com 60 mil usuários.

Uma dedicação à rápida iteração tinha ajudado o Flickr a enganar sua experiência de quase morte. Campeões de projetos paralelos devem lembrar disso: não importa se o produto está à beira do fracasso total, não importa quão apática for sua base de usuário, cada melhoria traz nova esperança. Faça ajustes de forma persistente e regular, e você será recompensado.

Esse recurso de o Flickr permitir a classificação por palavra-chave não apenas aumentou os cadastros de usuários, mas resultou em economia para a Ludicorp. Provou ser um sistema tão eficaz para a categorização de fotos que, mais tarde, quando o Flickr já estava melhor financeiramente, pôde rejeitar ofertas de dúzias de companhias que tentavam lhe vender softwares complexos de reconhecimento de imagens. A capacidade humana de criar tags para categorizar as fotos provou ser mais poderosa que qualquer algoritmo de software.

Os tags simples criados pelos usuários deram ao Flickr duradoura vantagem sobre os concorrentes. A Google comprou pelo menos três companhias de software de combinação de imagens e de reconhecimento facial por fotografia ao longo dos anos para fortalecer sua ferramenta de compartilhamento de fotos, o Picasa. Mesmo depois de adquirir toda essa tecnologia cara, o Picasa continua bem atrás do Flickr e do Facebook no número total de visitantes únicos, de acordo com o comScore e Quantcast. Assim como o Flickr, o Facebook usa uma solução simples, baseada em tags, para categorizar as fotos. Então, enquanto você luta para construir um projeto paralelo sem nenhum orçamento e pouco pessoal, permita que suas limitações sirvam de consolação e possam forçá-lo a encontrar soluções simples e inteligentes, que lhe trarão vantagem duradoura sobre os concorrentes.

As limitações do Flickr também ajudaram a companhia a tirar vantagem de tendências úteis. Caterina e a equipe não dispunham de capital para fazer pesquisa de mercado, tampouco tinham fundo de reserva que lhes concedesse tempo para planejar com antecipação. Em vez disso, escutavam os usuários com atenção, escolhiam novos recursos cuidadosamente e lançavam novas versões do Flickr tão rápido quanto possível para gerar o loop de feedback novamente.

Essa abordagem ajudou o Flickr a se beneficiar com a disseminação dos celulares com câmera e com a consequente "febre" de se fotografar tudo o tempo inteiro, o que gerou um enorme mercado para o site – já que as pessoas tinham de guardar todas aquelas fotografias em algum lugar. Elas estavam se acostumando a compartilhar informações pessoais on-line à medida que as redes sociais e os blogs foram se popularizando; o compartilhamento de momentos pessoais em um site público como o Flickr não se restringia mais aos nerds. Enquanto isso, a disseminação da banda larga garantiu as condições técnicas necessárias para que fosse possível enviar um álbum inteiro de fotos em poucos minutos.

Essas tendências pareciam paralisar os concorrentes em posições mais confortáveis, que dispunham de mais verba. Ofoto, Shutterfly e Snapfish dispunham de bastante capital – declararam dispor de fundos que beiravam a casa das dezenas de milhões de dólares –, porém insistiram em se concentrar na venda de impressões. Encobriam as fotografias on-line de seus clientes por trás de um log-in; os amigos tinham de abrir uma conta e memorizar uma senha só para poder ver as fotos. Esse procedimento era adequado para o modelo de negócios já obsoleto dos sites. Se as pessoas podiam ver fotos digitais com muito mais facilidade, a venda de impressões iria definhar.

A estratégia do Flickr, em contrapartida, foi encorajar as pessoas a compartilhar suas fotos o máximo possível. A companhia desenvolveu um programa de carregamento de foto do tipo "arraste e solte", que você podia instalar no próprio computador. No site, era possível obter comentários dos amigos abaixo de cada foto e submeter suas fotos a críticas em grupos especiais de compartilhamento de fotografias. Havia grupos dedicados às fotos em preto e branco, de natureza e de cidades específicas. Você também podia estimular a criação de um grupo de fotógrafos, que saísse em campo para uma varredura pelas cidades – havia grupos específicos como o "Círculo Quadrado", em que os membros tiravam fotos de objetos circulares, como pratos, tampas de esgoto e botões e as enquadravam em formas retangulares. Nenhuma dessas ideias vingou nos grandes sites de fotografia impressa.

Os fundadores da Ludicorp tinham pouca preconcepção a respeito do seu modelo de negócio. Portanto, quando o fluxo estável dos novos recursos gerou um frenesi de uploadings dos usuários, Caterina e Butterfield prontamente identificaram nessa tendência o ponto-chave: tratava-se de uma oportunidade de receita. Os usuários lhes mostravam, tanto pelo comportamento quanto em palavras, o que eles queriam: *mais* – mais espaço para fotografias e mais largura de banda para transferi-las. Esse se tornaria o negócio do Flickr: vender contas especiais a quem quisesse armazenar fotos além da cota do site. A adesão a esse sistema por parte dos usuários prontamente gerou receita suficiente para cobrir quase totalmente as despesas do Flickr.

Depois de anos correndo inutilmente atrás de capitalistas de risco, a Ludicorp subitamente estava numa posição em que prescindia de investidores. Naturalmente, esse fato despertou o interesse dos capitalistas de risco: ofertas não solicitadas começaram a aparecer, em certo momento chegando a três ou quatro por semana.

Enquanto isso, o Game Neverending ainda não caíra nas graças dos investidores e não tinha massa crítica de usuários; parecia, portanto, ter fracassado. Já marginalizado dentro da companhia, foi oficialmente extinto em julho de 2004.

Após conseguir dinheiro dos investidores anjos (*angel investors*) Esther Dyson e Joi Ito, em setembro de 2004, Flickr foi vendido para a Yahoo! em março de 2005 por um valor declarado superior a US$30 milhões. Em agosto de 2011, o site recebeu a foto número seis bilhões.

O Flickr não é a única start-up a se refazer em torno de um projeto paralelo ou a progredir com as suas dificuldades. Uma start-up de podcast, chamada Odeo, teve uma jornada semelhante – e igualmente bem-sucedida. Diferentemente de Flickr, Odeo não era desprovida de recursos; desfrutava de um confortável capital de risco de US$5 milhões. Então surgiu uma crise de identidade. A Odeo não era muito boa no que vinha fazendo e não sabia exatamente aonde queria chegar. Então, decidiu impor limitações artificiais ao quadro de pessoal – tentando simular o ambiente do Flickr, por exemplo – e foi recompensada com um projeto paralelo chamado Twitter, um enorme sucesso.

A Odeo estava perdida desde o início. Tinha uma vaga intenção de se tornar um grande player no mercado de podcasting, recurso para assistir a shows de rádio nos iPods e aparelhos de música portáteis. Parte do problema da Odeo foi ter sido criada por Evan Williams, que fizera uma pequena fortuna ao vender a Blogger.com para a Google. O próprio Williams, mais tarde, admitiu que dispunha de excesso de dinheiro quando fundou a Odeo, o que acabou não lhe fazendo bem. "Fiz muitas besteiras", Williams postou em seu blog, "algumas, já sabendo de antemão que iriam dar problema: não me concentrar no produto, desenvolver focando terceiros, levantar dinheiro demais muito cedo etc.".

Williams teve mais sucesso com a start-up anterior, mais humilde, Pyra, onde tinha desenvolvido o Blogger em seu tempo livre. A Pyra abandonou seu principal software de gerenciamento de projetos, supostamente sua fonte de receita, em favor do Blogger, o primeiro software que conseguiu facilitar a criação de um blog. Então, estourou a bolha das pontocom, e Williams perdeu todo o quadro de pessoal, junto com sua cofundadora, Meg Hourihan. Porém, ele continuou avançando sozinho (e sem remuneração), aperfeiçoando o Blogger e lançando no mercado uma versão premium em uma tentativa quixotesca de salvar a companhia. Depois de trabalhar quase dois anos com orçamento limitadíssimo, Williams finalmente encontrou um veio de ouro e vendeu o Blogger para a Google em troca de uma enorme pilha de ações pré-IPO, que se acreditava valer milhões.

A experiência de quase morte de Williams com o Blogger foi até pior que a experiência do Flickr, no início de 2004, depois da euforia do lançamento público e antes de ter recursos interessantes para atrair 10 novos usuários por dia. Porém, Williams sobreviveu por uma iteração persistente e estável, assim como o Flickr e o Gmail fizeram. A lição aqui para um fundador no estilo dos 20% é, mais uma vez, continuar incessantemente aperfeiçoando o projeto.

Williams decidiu recriar parte da energia arrebatadora da Pyra na Odeo, esperando com isso desencadear alguma criatividade remanescente e revitalizar a start-up. Ao reacender sua obsessão do tempo da Pyra por projetos paralelos, Williams dividiu os funcionários em pequenas equipes e pediu a cada uma que passasse o dia fazendo experiências, mesmo com ideias não relacionadas com podcasting. Sua diretriz elevou o conceito dos 20% de tempo a um novo patamar. Em vez de permitir projetos paralelos, como a fez, Williams os *exigia*. Da mesma forma que agia na Pyra, Williams também encorajou as equipes a desenvolverem suas ideias e apresentarem os protótipos rapidamente nos dias e semanas que se seguiram.

Jack Dorsey, engenheiro da Odeo, surgiu com a ideia do Twitter durante um dia de *brainstorming* obrigatório. Ele o descreveu aos companheiros de equipe, sentado em um escorregador de um parque infantil, comendo comida mexicana: E se as pessoas pudessem usar os celulares para trocar mensagens de status com os amigos como no Facebook?

Dorsey passou duas semanas montando um protótipo junto com Biz Stone, outro funcionário da Odeo e amigo de Williams desde os dias do Blogger. Ele trabalhava rapidamente para aprontar um protótipo mínimo, exatamente como fizeram Paul Buchheit e Caterina Fake com sua equipe. Em março de 2006, o sistema, na ocasião batizado de "twttr", já funcionava como ferramenta interna. Para garantir compatibilidade com um número máximo de celulares, o twttr impôs um limite espartano de 140 caracteres para as mensagens de status – outro exemplo de uma poderosa limitação.

Desde o início, ficou óbvio que o compartilhamento de momentos pessoais no Twitter acabaria por provocar tanto alegria quanto irritação em outros usuários – às vezes, os dois ao mesmo tempo. Um dia, por exemplo, Stone suava e resmungava enquanto empenhava-se na remoção do carpete de sua casa, em Berkeley, quando chegou uma mensagem de Williams pelo twttr no celular: "Bebendo Pinot Noir depois de uma massagem no Napa Valley."

O Twitter foi lançado ao público em julho de 2006. O nome havia sido expandido de "twttr" e foi acrescentada uma forma de atualizar o status na internet além de fazê-lo por meio de mensagem de texto. Porém, a ideia central de Jack Dorsey de trocar mensagens curtas de status ainda era a essência do produto. E o Twitter, em vez do podcasting, logo se transformou na missão da Odeo. Ficou óbvio o caminho a ser trilhado; o experimento de Williams com o sistema forçado dos 20% tinha conferido foco e entusiasmo a uma companhia antes letárgica e confusa. Em outubro, Williams comprou as ações dos investidores externos da Odeo por aproximadamente US$5 milhões e formalmente mudou o foco da empresa para o Twitter.com.

Em março, o Twitter foi brindado na conferência interativa anual South by Southwest, em Austin, Texas, e teve seus acessos triplicados. Dois anos depois, contava com 105 milhões de usuários e, atualmente, tem cerca de 190 milhões. Dentre os usuários do Twitter estão o Presidente dos Estados Unidos Barack Obama, a *pop star* Lady Gaga e a apresentadora Oprah Winfrey. Os investidores abarrotaram o Twitter com US$1,1 bilhão, e a companhia está avaliada em US$8 bilhões. Tudo isso aconteceu porque uma companhia que dispunha de milhões de dólares de investidores resolveu abrir mão de todo esse dinheiro e da ideia que disponibilizara todo esse capital, em favor de um projeto paralelo criado às pressas.

Se o Flickr não o convenceu a considerar a ideia de abandonar seu projeto favorito, longamente acalentado, e usar o conceito de "pivô", esperamos que a saga Odeo-Twitter consiga. Quando se deu conta de que o projeto de podcasting estava afundando, Williams teve a coragem de considerar as ideias dos companheiros de equipe, apostar todas as fichas numa delas e descartar completamente o antigo projeto. Qualquer pessoa que esteja tentando tornar um projeto paralelo um fenômeno deveria estar disposta a ser tão corajosa assim quando a ideia certa surgir.

3

A ascensão do Hack Day

Como a Yahoo! popularizou uma versão turbinada dos 20% de tempo

No início de 2005, uma start-up, a JotSpot, invejava profundamente a Google. O desenvolvedor do software corporativo wiki queria muito adotar o conceito dos 20% de tempo – para permitir aos funcionários seguirem suas paixões, tornar o local de trabalho intrinsecamente compensador e criar novas e radicais maneiras de ajudar os clientes. Porém, a JotSpot existia havia apenas sete meses, era pequena e com permanente escassez de pessoal. Todos os esforços foram em vão. "Numa start-up, é muito difícil implementar o estilo dos 20% de tempo", relatou o ex-vice-presidente da JotSpot e atual funcionário da Google, Kevin Norton. "Você está sempre sob a mira de um revólver, e todos fazem um pouco de tudo, então o estilo dos 20% de tempo acaba se transformando em 0% de tempo, mesmo com a melhor das intenções." A JotSpot tentou muitas alternativas, sem sucesso. Parecia que toda vez que a companhia alocava tempo para experiências, alguma coisa urgente surgia no último minuto.

A inveja que a JotSpot sentia da Google perdurou, até que o CEO Joe Kraus detectou uma postagem intrigante em um blog de Sidney, na Austrália. Assim como Kraus, Mike Cannon-Brookes administrava uma pequena companhia de software, a Atlassian. E da mesma forma que Kraus, ele estava fascinado com a ideia dos 20% de tempo. "É muito intrigante", escreveu ele, mas "deixar os engenheiros livres para sonhar um dia por semana é muito assustador para qualquer administrador". Então, o empreendedor australiano sugeriu um meio-termo aos funcionários durante um almoço: os engenheiros poderiam tirar um tempo livre *uma única vez*, não uma vez por semana, para criar um protótipo em oito horas e demonstrá-lo à companhia. Seria o equivalente a turbinar a versão dos 20% de tempo. Cannon-Brookes resolveu batizar a entrega de um protótipo em um dia de "FedEx Day – uma mini, experimental e altamente degenerada versão do estilo dos 20% da Google." Ficou entusiasmado com os resultados, que incluíram um gerador de lista de tarefas, um gerador de fluxogramas e ferramentas para atualizar e depurar o pacote integrado de softwares da Atlassian.

Kraus se convenceu, e menos de duas semanas após a postagem no blog de Cannon-Brookes, a JotSpot lançou sua própria versão do evento, rebatizado de "Hackatona". Não só a Hackatona resultou em recursos como a edição colaborativa em tempo real, tabelas que podiam ser arrastadas e coladas e acionadores de software no produto wiki, como o moral foi às alturas – a Hackatona terminou com buzinaços, gritaria e o brado entusiasmado de um engenheiro: "Só quero rastejar até minha baia, deixar a barba crescer e fazer absolutamente nada!" Kraus imediatamente decidiu tornar as Hackatonas uma rotina na JotSpot. "É inacreditável o que se consegue fazer em um dia com uma equipe focada, motivada e criativa", ele escreveu mais tarde. "Honestamente, acredito que todas as empresas se beneficiariam com as Hackatonas."

Logo, muitas companhias *iriam* se beneficiar com as Hackatonas. O evento na JotSpot não tinha motivado apenas a empresa, mas transformado os Hack Days, de um único evento em Sidney em uma fonte de inovação corporativa. Entra em cena Chad Dickerson, o descontraído, amante da liberdade e loquaz programador da Yahoo!, espécie de cruzamento entre Bill Gates e Jeff "The Dude" Lebowski, o personagem de um filme *cult*, que transformou uma experiência de programação não estruturada em um fenômeno global. Ao seguir os passos da Atlassian e da JotSpot, ao lançar uma longa série de Hack Days da Yahoo! e ao fazer uma convocação geral, desde blogueiros fofoqueiros até o *rock star* Beck para promovê-los, Dickerson conseguiu transformar os

Hack Days em uma potência, agora adotada pela Google, Facebook, Twitter, eBay, LinkedIn e muitas outras companhias de tecnologia líderes.

Os Hack Days são como os 20% de tempo turbinados. São encontros mais baratos, de alta pressão, para os funcionários trabalharem em suas próprias ideias. Também são eventos mais comunicativos, em que os participantes são encorajados a exibir suas ideias aos pares, gerentes e executivos, e até mesmo aos clientes. Para companhias que adotam as políticas mais convencionais dos 20% de tempo, eles são uma válvula de escape – um local onde os funcionários podem criar protótipos e tornar essas ideias projetos plenos dos 20%.

No caso de seus próprios projetos paralelos, os Hack Days, como veremos, fornecem um ambiente propício para que um projeto inicial decole e para receber feedback e inspiração. Eles exigem rapidez e proporcionam uma dose de adrenalina quando uma explosão de criatividade é necessária. Além disso, também podem ajudá-lo a adquirir uma visão perspectiva e apoio de pessoas de fora da empresa. E o Hack Day da Yahoo!, junto com muitos dos hackers que produziu, são um grande exemplo do poder dos produtos de apelo emocional.

Todos esses aspectos positivos ajudam a explicar por que, até mais que os 20% de tempo, os Hack Days estão agora em todos os lugares. Vejamos como isso aconteceu.

O Hack Day inaugural da Yahoo! ocorreu sete meses depois dos da JotSpot e Atlassian. O primeiro Open Hack Day da companhia – o Woodstock das Hackatonas, aberto às pessoas que não trabalhavam na Yahoo! – aconteceu nove meses depois daquele, iniciando um fenômeno global que testemunhou dúzias e dúzias de Hack Days da Yahoo!! acontecerem pelos cinco continentes. A história do responsável pelos Hack Days da Yahoo!, Dickerson, é um exemplo de encurtar e desafiar a burocracia. A forma como produziu um curto-circuito nas estruturas administrativas da Yahoo! e ampliou os limites do comportamento corporativo considerado aceitável são lições valiosas para qualquer organizador dos 20% que tente criar espaço para projetos inovadores de apelo emocional. Sua atitude é uma lição. De vez em quando, Dickerson aumentava as expectativas das pessoas, com uma sutileza quase acidental, tornando o Hack Day ainda mais eletrizante, tecnicamente estonteante, subversivo, selvagem e perigoso do que se poderia prever. Sua atitude de tensão contida — sempre deferente, sempre educado, mas inflexível e algumas vezes surpreendente — foi crucial para conferir aos Hack Days a ampla popularidade que os transformou de um exercício de uma companhia de tecnologia em uma força cultural de fato.

A ideia original não era tão grandiosa. Em 2005, a Yahoo! estava em maus lençóis. A empresa que já fora a estrela guia da internet tinha sido ofuscada pela Google, cuja receita cavalar com publicidade crescia muito mais rapidamente do que a da Yahoo! e cuja tecnologia ultrapassara a da concorrente, em áreas estrategicamente cruciais como pesquisa, e-mail e publicidade contextual. "A empresa estava em constante declínio àquela altura", disse Norton, que deixou a Yahoo! exatamente quando a JotSpot lançou a primeira Hackatona.

Um alto executivo da Yahoo!, Brad Horowitz, chefe de Dickerson, pensou que poderia ajudar a companhia a se recuperar. Ele tinha um aliado poderoso em Jerry Yang, hacker certificado e cofundador da Yahoo! na época em que estudava Engenharia Elétrica em Stanford. Yang e o cofundador David Filo criaram a Yahoo! num ambiente universitário, estimulado pela cafeína e colaborativo, em que recursos foram rapidamente agregados à lista dos serviços principais da Yahoo!. A companhia era uma usina de inovação que cresceu tremendamente, e então a bolha das pontocom estourou; a Yahoo! passou a ser controlada por Terry Semel, um mandachuva de Hollywood que não tinha familiaridade com tecnologia. Horowitz queria recuperar o espírito original e informal da Yahoo!. Sua equipe de elite, denominada "Grupo de Desenvolvimento de Tecnologia", dentro da divisão de pesquisa da Yahoo!, adquiriu o Flickr, o site de compartilhamento de fotografias descrito no Capítulo 2. Logo em seguida, a Yahoo! comprou o Delicious, site de compartilhamento de *bookmarks*. As duas start-ups adotavam a agilidade que Horowitz queria disseminar pela empresa.

O conceito da Hackatona levou ao extremo as limitações que tornaram a pequena equipe do Flickr, desprovida de recursos, tão bem-sucedida. Esse conceito também prometia difundir o objetivo de Horowitz de atrair desenvolvedores externos para os APIs (Aplicativos de Programação de Interfaces). Depois de vê-las em ação na Atlassian e na JotSpot, Horowitz decidiu levar a Hackatona para a Yahoo!.

Ele foi incentivado por Dickerson. Veterano do jornalismo, setor que tradicionalmente atua de maneira febril, Dickerson desenvolveu sistemas para a CNN, Salon.com e *InfoWorld* e acreditava que prazos catalisavam a criatividade. Ele também acreditava profundamente na "ética dos hackers", que enfatizava a paixão e as prerrogativas individuais dos programadores e o potencial cultural da codificação.

"Estava imaginando o que aconteceria se o sujeito que passa o dia inteiro trabalhando no Yahoo! Messenger recebesse carta branca para fazer o que quisesse?" indagou Dickerson. "Sempre achei que bons desenvolvedores criavam produtos interessantes quando não havia limitação... Literalmente, todas as vezes, em diversos contextos, que presenciei engenheiros recebendo carta branca, os resultados foram extraordinários."

Como um "evangelizador de plataforma", Dickerson agia como elo de comunicação entre os engenheiros internos que construíram os sistemas da Yahoo! e os programadores externos que os aprimoraram. Ele sabia que os engenheiros da Yahoo! tinham grandes ideias; saía para beber com eles, conversava nos corredores do *campus* de Sunnyvale da Yahoo! e fazia parte da lista de discussões. Porém, sua energia criativa jamais poderia ferir o organograma da companhia, que mais parecia um labirinto. Entre os ganhos da Google e o valor depreciado das ações da Yahoo!, Semel estava encalacrado; Yahoo! teve três CEOs ao longo de 18 meses no caos que se seguiu. A estratégia corporativa da Yahoo! estava em refluxo, para descrever a situação de maneira generosa. Dickerson não conseguiria restabelecer a ordem no caos.

O que ele *poderia* fazer era mostrar o potencial reprimido na Yahoo!. Ele queria que as pessoas sugerissem ideias – para converter devaneios em apresentações.

Dickerson vinha remoendo a ideia de uma maratona de hacking desde que escutara falar do FedEx Day, da Atlassian. Ele esperava que uma Hackatona no estilo do FedEx Day pudesse dar aos engenheiros uma trégua em relação à burocracia e encorajar um novo espírito de criatividade e vitalidade. Dickerson adorou a ideia de entregar aplicativos completos de softwares da noite para o dia, programadores trabalhando em equipes frenéticas e hackers exibindo suas criações – provisórias, naturalmente, mas prontas para serem polidas e expandidas, se julgadas merecedoras. O esquema de prazo de entrega apertado forçava as pessoas a parar de idealizar seus projetos preferidos e lidar apenas com o essencial, tornando-os rapidamente reais. As apresentações que se seguiram ofereciam apoio e validação, mesmo quando levantavam o espectro motivador do constrangimento. As demonstrações também deram aos gerentes a chance de rever todos os produtos potenciais que os engenheiros tinham em mente, e, aos engenheiros, provar o potencial daquelas ideias. Além disso, as apresentações proporcionavam às melhores ideias a possibilidade de se tornarem projetos futuros da Yahoo!.

"Costumávamos brincar que a resposta mortal de um gerente de produto a uma ideia", o colaborador de Dickerson, Jeremy Zawodny, me disse que" educadamente o escutariam e depois diriam... 'Isso está em nossos planos'. Era uma maneira de darem uma resposta positiva, mas que não significava absolutamente nada.... Dois anos se passam e você ainda se pergunta por que nada aconteceu. O Hack Day foi uma maneira de dizer, 'Sabe o que mais? Em 24 horas posso construir um protótipo e mostrá-lo a você, e acho ridículo passar 18 meses tentando lançar um produto'".

Dickerson queria levar a ideia de uma Hackatona ainda mais longe que a Atlassian ou a JotSpot. Para começar, o evento da Yahoo! seria mais longo: 24 horas; o da Atlassian durara 8, e o da JotSpot,

11. Fundamentalmente, os programadores da Yahoo! teriam total liberdade para trabalhar no que quisessem. O evento da JotSpot demandava que as ideias fossem "valiosas para a companhia", ao passo que o da Atlassian, que realizou uma sessão de *brainstorming* antes do FedEx Day, gerou ideias totalmente orientadas para o produto. Dickerson não queria esse ar corporativo. Com mais de mil engenheiros na Yahoo! e poucos gerentes voluntários de Hack Day, tinha de haver mais liberdade, falando de forma mais pragmática. Porém, Dickerson também *queria* ideias não convencionais, extraordinariamente incomuns. Ele queria que os programadores agissem sem qualquer comedimento. "Realmente gostei do fato de o evento ser essencialmente incontrolável", confessou. "A maioria dos negócios opera com algum grau de estrutura o ano inteiro. Então, relaxe por um dia, tente ficar confortável e deixe as ideias fluírem. Se você for um gerente de produto, não tente considerar o Hack Day um dia de folga para reunir os desenvolvedores para colaborarem com seu projeto. Trata-se de estimular sua criatividade e permitir que façam o que quiserem."

Dickerson estava agindo de acordo com um dos conceitos centrais da filosofia dos 20% de tempo: as pessoas são mais criativas quando podem dar vazão ao que gostam de fazer – e aplicá-lo às maratonas de programação.

Dickerson propôs o nome que refletiria o espírito irreverente do evento. Hack Day era uma homenagem à ética do hacker, articulada pelo autor de tecnologia Steven Levy e do defensor do software de código-fonte aberto Eric Raymond. A ética do hacker é antiautoritária; a ética do hacker é realizar loucuras; a ética do hacker é trabalhar em projetos pelos quais você tenha pessoal interesse; a ética do hacker é melhorar o mundo. A ética do hacker é tornar a programação semelhante a um rock pesado. Enquanto o FedEx Day da Atlassian e a Hackatona da JotSpot pareciam os seminários intensivos universitários, o Hack Day parecia uma *jam session* que durava a noite toda, com os músicos se amontoando uns sobre os outros e "arrasando tudo" nos improvisos.

As equipes seriam montadas *ad hoc*, bem antes de o evento começar, desconsiderando a estrutura da organização oficial do evento. A única regra era trabalhar rápido, e se desencorajava o desenvolvimento de ideias extraídas de uma lista preexistente de tarefas pendentes dos engenheiros. Os projetos tinham de ser finalizados em 24 horas. A ideia era promover uma explosão de codificações dentro de um período rígido. "Esse aspecto força as pessoas a se concentrarem somente nos elementos importantes e realizarem somente o que querem que seja levado adiante", segundo Zawodny.

"Você estabelece o tempo e o espaço de forma diferente, o que liberta a imaginação", afirmou o veterano Havi Hoffman, funcionário da Yahoo! por 13 anos, que ajudou a organizar os Hack Days subsequentes. "É semelhante à institucionalização dos 20% de tempo... quando você quebra a rotina, cria outra dinâmica."

Essencialmente, os Hack Days eliminam algumas barreiras e criam outras. As dificuldades corporativas que impedem a criatividade deixam de existir. Mas, em compensação, surgem os prazos *kamikazes*. A liberdade criativa permite o desenvolvimento dos projetos elaborados com paixão pelos funcionários, que vimos no Capítulo 1, sob a filosofia dos 20% de tempo da Google. O prazo, por sua vez, atua como mecanismo de forçar, eliminar os supérfluos e acelerar a produção criativa, assim como aconteceu com o Flickr. Você deve considerar a implementação de um Hack Day para desenvolver o protótipo inicial do seu projeto no estilo dos 20%, bem como para testar novos recursos. Mesmo se sua empresa não oferecer Hack Days internos, o conceito já se difundiu, como veremos, e agora existem muitos eventos desse tipo abertos ao público, oferecidos por grupos de hackers locais e nas conferências de determinados setores de negócios. Mais amplamente, considere uma combinação semelhante de liberdade criativa com um prazo apertado. Veja o que consegue criar em uma noite livre, em um fim de semana ou em uma hora. Existem todos os tipos de variações de Hack Day: algumas, como o MashUp Camp, que dura três dias, durante um fim de semana prolongado, outros, mais concisos. O que todos eles possuem em comum é o fato de explorar o poder da concentração intensa em um mundo que cada vez mais nos distrai, e alavancar uma pressão direta emocional em um mundo que cada vez mais nos isola de nossos instintos primordiais de sobrevivência. Procure qualquer coisa que o ajude a recuperar esse foco e vontade competitiva.

Dickerson sabia que o marketing do Hack Day dentro da Yahoo! era tão importante quanto os detalhes do próprio evento, e fez um esforço concentrado para convocar pessoas dentro da organização. Começou com uma lista de e-mail interna chamada "desenvolvimento aleatório" – espécie de radiador virtual onde milhares de programadores de companhias trocavam ideias. Dickerson anunciou seu plano de Hack Day aos integrantes dessa lista e os convidou a se juntarem a uma nova lista que havia criado chamada "debate sobre hacking", em que se falaria mais sobre planejamento e divulgação. Posteriormente, pendurou cartazes e até imprimiu adesivos que incentivavam as pessoas a "seguirem o protocolo do Hack Day".

"Era uma maneira divertida de dizer: 'Não perturbe os desenvolvedores hoje'", Dickerson disse. "Realmente tentamos fazê-la parecer especial e subversiva... A linguagem era diferente do discurso formal corporativo da Yahoo!, e os conteúdos dos pôsteres e outros veículos de divulgação tampouco exibiam aquela formalidade tradicional. Em muitos casos, a Yahoo! sequer era mencionada, o que nada tinha a ver com estar descontente com a empresa – eu achava tudo muito impressionante na ocasião – e sim com tornar o evento verdadeiramente diferente: para os hackers, pelos hackers, sem aquele lustro corporativo habitual."

Nem todo mundo na Yahoo! recebeu bem o espírito *rock and roll* do Hack Day. Apesar de os colegas com os quais Dickerson inicialmente discutiu o evento terem ficado entusiasmados, alguns executivos do alto escalão queriam que o evento se concentrasse nas prioridades da companhia, em vez de ser aberto a todos, como Dickerson havia imaginado. Dickerson considerava isso uma ameaça mortal para o Hack

Day. Ele contra-atacou. Com o apoio de Horowitz, conseguiu convencer o alto escalão a desistir das restrições impostas.

"Não queria contaminar o ambiente com outras pessoas dizendo: 'deveria ser assim'", Dickerson declarou. "Em um ambiente corporativo, a falta de estrutura é o ponto essencial."

Zawodny pensava da mesma forma. "Algumas pessoas deram sugestões que consideravam úteis para os hackers, mas não tinham entendido a essência do evento", concluiu. "Tínhamos de ser enérgicos ao respondermos: 'Não, o evento funciona exatamente porque não existem muitas regras.'"

O Hack Day começou no fim da tarde de uma quinta-feira em uma sala de conferência, com estoque de cerveja, refrigerante e pizza. Os participantes se reuniram novamente na sexta de manhã para o lanche e para as perguntas finais. Os participantes radicais tinham trabalhado a noite toda; a maioria das pessoas foi para casa tarde da noite, para dormir um pouco. Então, as equipes voltaram para as mesas, salas de conferência, para onde quisessem ir, para criarem os códigos. Terminaram no fim da tarde.

No fim da sexta-feira, aconteceram as demonstrações. Todas poderiam facilmente se arrastar para sempre, então os organizadores começaram a interrompê-las depois de dois minutos, com um sino especial. O limite de tempo de demonstração passaria a ser intrínseco a todos os Hack Days futuros, disseminando-se muito além da Yahoo!.

Dickerson não sabia o que esperar do primeiro Hack Day; ele se dedicou a gerar entusiasmo pelo evento e se preocupava que ninguém aparecesse, mas foi um sucesso; as demonstrações foram recebidas com aplausos e torcidas e, em seguida, com uma série de postagens espontâneas nos blogs pessoais de diversos engenheiros da Yahoo!, elogiando aquela efusão de ideias, entusiasmo e os códigos efetivos que surgiram com o evento.

E longe de ter sido letárgico, o Hack Day inaugural acabou *demasiadamente* agitado. Dickerson teve de aceitar uma intervenção de executivos da Yahoo! em relação a uma ideia batizada de "Backyard

War". Era parecido com o famoso site "Hot or not": duas fotografias de funcionários escolhidos aleatoriamente na intranet da Yahoo!, chamada de "Backyard", aparecia na tela do computador, e você tinha de escolher o "vencedor" da "batalha". Ninguém tinha a menor ideia de como decidir, mas, de qualquer forma, todos adoraram o Backyard War. Bem, quase todos.

"O primeiro Hack Day foi um enorme sucesso, e, no dia seguinte, meu telefone tocou. Era alguém do RH da Yahoo!", Dickerson disse. "Pensei que estavam me telefonando para nos parabenizarem pelo grande evento. Porém, a pessoa do outro lado da linha disse: 'você tem de retirar o Backyard War do ar....' Foi um pouco demais para o ambiente corporativo."

Ele fez o que o RH pediu, mas Dickerson estava nas nuvens com relação ao Backyard War, pois ajudou a tornar o Hack Day divertido, até mesmo um pouco perigoso. Ele enfatizou o fato de que o evento tratava da liberdade – você tinha liberdade o suficiente para se colocar em apuros. "Creio que ele ajudou a criar o espírito do evento", Dickerson disse. E fez Cal Henderson levar para casa um troféu pela criação mais inesperada.

Henderson, que trabalhara no Flickr antes da aquisição pela Yahoo!, foi irrepreensível. No Hack Day seguinte, ele fez uma demonstração do jogo "Who's the boss?" (Quem é o chefe?), que exibia fotos de dois funcionários da Yahoo!, novamente retiradas da intranet, chamada Backyard, cujo objetivo era descobrir quem era o chefe do outro. No fim, você sabia se tinha ou não acertado, e se dava conta que os subordinados eram mais frequentemente confundidos com chefes e vice-versa.

"Acho que o RH deve ter reclamado e o programa foi retirado", imaginou Dickerson, "mas, àquela altura, estávamos nos divertindo: 'A-há! Que aplicativo vai ser fechado desta vez?'" Os projetos subversivos se tornaram uma constante no Hack Day. Dickerson e outros organizadores até sugeriram um troféu especial para eles: "O Mais Provável a Ser Fechado pelo RH". O Hack Day servia tanto para provocar risadas dos colegas como para impressioná-los. "A cultura do engenheiro/desenvolvedor é de fato muito criativa", afirmou o empreendedor e ganhador do Hack Day da Yahoo!, Tarikh Korula, "porém, criativa de maneira muito peculiar. Não como nas belas artes – mais como o Monty Python".

O humor ajudou a diminuir a pressão do Hack Day. O programador Mo Kakwan, por exemplo, descobriu que os "delírios de grandeza" de seu Hack Day foram destruídos quando ele pegou no sono e foi descartado pelos colegas de equipe. A criação que apresentou no dia seguinte foi de má qualidade e improvisada, mas hilariante. Kakwan conquistou a multidão do Hack Day com uma demonstração inusitada que relatou a experiência da madrugada com os colegas – suas visões de desenvolverem "a melhor criação", as comemorações e o momento em que Kakwan piscou e "essa piscada demorou duas horas. Acordei por volta das 6 horas, e meus parceiros não estavam lá. Fiquei nervoso, porque não sabia o que fazer".

Kakwan então mostrou os frutos do seu trabalho, um sistema para criar uma fotografia falante, em que você clicava em qualquer lugar da foto para adicionar "lábios", que se moviam e falavam em um microfone, em sincronia com sua voz. Como um golpe de misericórdia, Kakwan usou o sistema para "conversar" com a fotografia de Patrick Stewart, o ator de *Jornada nas Estrelas*. "Ei, você é incrível – você deveria assistir ao 'FreeTV!'"*, disse Kakwan, imitando Stewart pela fotografia. "Obrigado, Patrick Stewart! Faça isso!", disse Kakwan como ele mesmo. "Parece mágica, mas não é", Kakwan falou para a plateia, em tom de ironia. "É só o Flash." Os espectadores explodiram em gargalhada, e Kakwan levou para casa o troféu de "Melhor Brincadeira"; o vídeo da demonstração foi visto 61 mil vezes no YouTube.

★ *Nota do Tradutor.* FreeTV é um programa simples que transforma o computador em aparelho de televisão e possui muitos canais – embora quase nenhum em português – especializados em esporte, notícias, música etc.

Como constatamos muitas vezes, o Hack Day tinha um vínculo emocional com as pessoas. Dickerson fez tudo para encorajar isso, desde apoiar projetos subversivos com o troféu "Mais Provável a Ser Fechado pelo RH", incluindo um concerto de *rock* (falaremos sobre isso mais tarde), a transformar as demonstrações em ruidosos momentos de aprovação. Veremos adiante como o apelo emocional também foi usado pelo chef Thomas Keller para deliciar seus clientes e pela campanha "Fora do ônibus", do *Huffington Post*, para atrair e reter escritores voluntários. Nesse momento, você deve pensar sobre como seu próprio projeto paralelo pode atrair usuários e colegas de equipe potenciais, como pode estimular os sentimentos das pessoas e criar um elo especial. Como o Hack Day demonstrou, pode ser tão simples quanto permitir algumas mancadas, o que também significa não ter medo de cometer pequenos erros, de violar a cultura da política corporativa no espírito de tornar as pessoas entusiasmadas com sua criatividade inata. Um pouco de rebeldia ajudou os Hack Days de Dickerson, assim como o AdSense de Paul Buchheit. A rebeldia pode se tornar uma aliada sua também, no que se refere a conexões emocionais.

O sucesso do primeiro Hack Day abriu portas dentro da Yahoo!. "Imediatamente tive acesso a todos os altos executivos da companhia", Dickerson lembra. Ele se agarrou ao recém-descoberto poder para expandir o Hack Day, tornando-o progressivamente maior em poucos anos.

O primeiro Hack Day, em dezembro de 2005, foi seguido por um segundo em março do ano seguinte, desta vez com um grupo mais impressionante de altos executivos atuando como juízes, e outro na matriz de Sunnyvale, em junho de 2006. Em setembro do mesmo ano, o Hack Day explodiu: Dickerson convidou programadores de fora da Yahoo! para se candidatarem a uma das 500 vagas para o primeiro Hack Day público, onde os participantes seriam autorizados a montar barracas na grama, em torno da sede da empresa. O evento foi batizado de Open Hack Day.

Mesmo enquanto os engenheiros de rede da Yahoo! corriam para montar 18 novos pontos de acesso *wifi* para administrar o fluxo dos programadores, Dickerson se preocupava. E se ninguém aparecesse? O evento fora planejado somente com três semanas de antecedência; Dickerson estava desesperado para incluir uma atração. "Adoro espetáculos e *rock and roll*", ele disse posteriormente. "Estávamos em uma sala de conferência da Yahoo!, e na mesa havia um exemplar da revista *Wired*, com Beck na capa. Então pensei: 'Sabe de uma coisa? A gente tem de botar para quebrar....' Pensei que a Yahoo! tinha capacidade de fazer um evento realmente fantástico, mais do que alucinante – um show de Beck! Todos acampados na grama! Cerveja de graça a noite toda! – pensei que seria bom para a imagem da empresa."

O roqueiro Beck seria perfeito para o Open Hack Day. Ele sempre fez experiências com tecnologia, permitindo que seus fãs criassem os próprios mixes de suas músicas em seu site, lançando músicas feitas com sons de video games e concebendo uma "versão visual" de um álbum disponibilizado no YouTube. Ele foi escolhido para tocar no Shoreline Amphitheatre, em Mountain View, no dia seguinte ao Hack Day. Horowitz viu a mesma capa da revista *Wired* em uma banca de um aeroporto e resolveu convidar Beck para o evento, e imediatamente entrou em contato com o chefe da Yahoo! Music, o ex-Beastie Boys e especialista em formatos digitais Ian Rogers, para, por meio de suas conexões no setor fonográfico, conseguir o contato de Beck.

Enquanto o alto comando da Yahoo! negociava com os assessores de Beck, Dickerson e Horowitz criaram um estratagema arriscado e não autorizado para chamar a atenção do público: eles informaram ao blog TechCrunch, muito lido no Vale do Silício, que "um músico convidado especial" tocaria no Hack Day. Essa jogada poderia arruinar uma carreira de relações públicas na Yahoo!, porém Dickerson e Horowitz estavam determinados a ampliar e diversificar o Hack Day, e, para tanto, precisavam de publicidade. "Àquela altura, se tratava apenas de uma ideia", Dickerson me disse. "Anunciamos uma 'atração especial' sem saber se conseguiríamos contratá-la... poderia facilmente ser uma banda menos famosa, mas queríamos algo realmente impactante, e o anúncio antecipado nos pressionou ainda mais, o que eu gostei."

"Creio que somente Bradley e eu sabíamos a verdade naquele momento", Dickerson continuou. "E lembro-me de Bradley me dizendo para lançar o site [do Hack Day]. Acho que eu estava do lado dele quando fez a divulgação, e a primeira ligação que recebemos foi da PR da Yahoo!. Poderíamos ter sido demitidos, porém a ideia era tão boa que seria uma tolice se isso acontecesse... Enquanto explicávamos o que estávamos fazendo, recebemos forte apoio, e todos começaram a oferecer contribuições. Realmente acho que não teríamos conseguido fazer o projeto decolar se tivéssemos nos limitado a agir nos canais apropriados."

Os pedidos de reserva aumentaram depois da postagem no TechCrunch, e ainda mais quando o site divulgou uma foto de uma caixa de som no *campus* da Yahoo! com um adesivo com a inscrição BECK.

A Yahoo! fechou contrato com Beck apenas seis horas antes da hora marcada para o início do show, com o pessoal já ocupado, montando o palco (a empresa originalmente tinha solicitado apenas algumas músicas na cantina, porém Beck quis fazer o show completo, e a Yahoo! concordou com prazer). O show foi um tremendo sucesso, Beck tocou muito além do tempo mínimo de apresentação e até passeou pelo Open Hack Day, curioso em saber o que as equipes estavam bolando.

Uma grande energia contagiou os participantes do Open Hack Day no início da apresentação de Beck. Dickerson foi bem-sucedido em misturar a curtição do *rock and roll* com um evento de programação, a glória suprema para os nerds.

"As cabines telefônicas na URLs e a cantina que se tornara o coração do evento cheiravam a maconha após aquela noite", relembra Dickerson. "Lembro-me de um importante executivo da Yahoo! naquela noite me dizendo: 'Meu Deus, as pessoas estavam muito doidas nas cabines telefônicas!', em tom de espanto e alegria ao mesmo tempo."

No frenesi do hacking, 14 barris de cerveja e 400 pizzas foram consumidos. Cinquenta e quatro demonstrações, 17 das quais receberam troféus, foram exibidas para uma plateia de 400 pessoas. Diana Eng, que se autodenominava "fashion nerd", e sua equipe ganharam o troféu principal, com uma bolsa que enviava as imagens para o Flickr enquanto caminhavam; a câmera e o pedômetro eram embutidos. Outros ganhadores foram o Road Trip Radio, mapa on-line que mostrava, junto com as instruções de direção, uma lista das estações da NPR (National Public Radio), sua rota e os lugares onde você deveria fazer baldeação; e o Ybox, de Korula, um pequeno dispositivo que enviava para qualquer televisor um fluxo de dados da Yahoo! sob encomenda, incluindo previsões de tempo, cotações das bolsas e os shows de slides do Flickr.

A quantidade de críticas positivas – uma enxurrada de postagens em blogs, escritas por funcionários da Yahoo!, além das dos programadores e dos jornalistas de tecnologia, incluindo um generoso artigo do editor do TechCrunch, Mike Arrington – equivaleu ao agito que celebrou o primeiro Hack Day interno multiplicado por 10. O primeiro Open Hack Day da Yahoo! foi basicamente o Woodstock das Hackatonas. "O Hack Day saiu da gaiola", escreveu um participante que não trabalhava na empresa em seu blog. "Ele apenas criou os parâmetros para qualquer evento futuro como esse." "Yahoo! é *rock and roll*", escreveu outro blogueiro externo, observando que ele "nunca fora apaixonado pela Yahoo!" antes. Outro blogueiro escreveu: "O evento superou muito as minhas expectativas."

Além das relações públicas e dos benefícios para o moral, a abertura do Hack Day ao público ajudou a Yahoo! a ampliar sua concepção sobre sua própria tecnologia. "Os Hack Days internos frequentemente resultavam em poucas criações, que só faziam sentido para aquela turma que trabalhava na empresa, como os projetos sobre ferramentas internas, a lista dos funcionários da Yahoo! etc.", Dickerson disse. O Open Hack Day, em contrapartida, trouxe os mundos da moda e da música para a companhia.

Devido ao fato de acontecerem num período de 24 horas e não durante semanas ou meses, o principal objetivo dos Hack Days é trazer para a empresa os observadores externos, incluindo os sócios.

Na execução do 17º FedEx Day, a Atlassian trouxe quatro clientes de "um grande banco da cidade", contou o CEO e fundador Cannon-Brookes, e permitiu que observassem as demonstrações e concedessem um troféu especial como "prêmio dos clientes". Eles acabaram escolhendo um recurso que ficara em quarto lugar na lista dos seis finalistas escolhidos pelos próprios jurados da Atlassian: uma modificação do software corporativo da empresa que permite aos usuários apagarem das telas campos de *input* que nunca usam. "Os quatro clientes disseram: 'Veja, todas as outras criações legais como os vídeos e tudo o mais foram incríveis, porém, no meu trabalho diário, gostaria *desse* aqui", disse Cannon-Brookes. "Eles aproveitaram muito o evento, beberam com os engenheiros e passearam. Eles se levantaram e falaram por 5 ou 10 minutos sobre a perspectiva do cliente. O interessante – e útil – foi constatar como os 150 engenheiros presentes se questionavam: 'Ah, tudo bem, eu não tinha pensado nisso.'"

Da mesma forma que os Hack Days oferecem a um inovador no estilo dos 20% a oportunidade de mostrar as ideias aos superiores com rapidez e baixo custo, os Hack Days abertos oferecem uma avaliação ainda mais rigorosa, uma chance de mostrar as ideias aos clientes potenciais e permitir que os programadores internos comparem seus trabalhos com as criações dos programadores externos. Os Hack Days abertos ao público são de fato o teste definitivo para moldar, aperfeiçoar e provar o conceito de um grande projeto dos 20%. As oportunidades que oferecem para se obter aprovação externa e serviços aos clientes aumentam as chances de serem aceitos pelos chefes, que, de outra maneira, resistiriam ao conceito dos 20% de tempo ou até mesmo aos Hack Days internos e fechados.

Os Hack Days abertos também se encaixam bem no princípio da doutrina dos 20%, que diz que devemos acolher bem as pessoas de fora. Não é necessário organizar sua própria Hackatona aberta para conseguir exposição às perspectivas externas. A participação em um Hack Day de terceiros, como os montados por grupos de tecnologia em San Francisco, Boston e Brooklyn, e em conferências como a TechCrunch Disrupt, é uma excelente maneira de se obter feedback e inspiração de pessoas de fora de seu círculo habitual. Os eventos também podem ser úteis para convocar usuários e ajudantes.

Além do Open Hack Day, a Yahoo! ampliou o evento ainda mais, tornando-o global. Os Hack Days internacionais, muitos dos quais abertos ao público, se tornaram uns dos eventos mais populares e eficazes da empresa. A Yahoo! descobriu que os princípios dos 20% podiam funcionar em todos os tipos de cultura.

O primeiro deles ocorreu em Bangalore, em abril e julho de 2006, depois em Londres, e, por fim, em São Paulo e em Taipé, e em outros escritórios da Yahoo!. Dickerson estava inseguro sobre se o espírito descompromissado do Hack Day conseguiria ser transmitido a outras culturas, fora dos Estados Unidos. Ele descobriu que a ética hacker era global. "Fui gerenciar o primeiro Hack Day [da Yahoo!] na Índia, realmente elucidativo, porque descobri que a única diferença era a comida. Fora isso, [o evento] teve a mesma estrutura e a mesma acolhida positiva em relação à ausência de limitações. Os participantes se entusiasmavam com a liberdade de criação e, consequentemente, surgiam ideias bem legais." Pode-se dizer que o Hack Day mereceu acolhida *ainda mais* entusiasmada; "o evento de Bangalore foi um sucesso tão grande", Hoffman disse, "que a Yahoo! foi obrigada a barrar a entrada de algumas pessoas". O mesmo aconteceu em Londres, onde os programadores do Hack Day de junho de 2007 trabalharam incessantemente para corrigir uma falha elétrica, causada pela abertura inadvertida do teto retrátil do Alexandra Palace durante um temporal. Um raio atingiu o sistema anti-incêndio do edifício, e o teto se abriu automaticamente, por precaução.

Segundo Dickerson, "As pessoas exclamavam 'Meu Deus!'". E saíam correndo para buscar lonas para cobrir os caros equipamentos. Porém, em vinte ou trinta minutos, todos estavam reunidos novamente em uma área seca. Dissemos: 'Vamos restabelecer a energia.' E as pessoas começaram a utilizar papel, levando o evento adiante pela única maneira que podiam."

A transformação dos Hack Days em eventos globais beneficiou a Yahoo!. A empresa continuou a colher frutos em benefícios nas áreas de relações públicas e marketing, é claro, porém os eventos também ajudaram a empresa a encontrar e avaliar empresas para potenciais aquisições. A primeira vez que a Yahoo! encontrou os responsáveis pela Koprol, rede social da Indonésia, foi em um Hack Day em Jacarta, antes de comprarem a empresa. Copout, sistema de webmail que a Yahoo! comprou por US$20 milhões, já estava na mira como aquisição potencial havia tempo, porém as chances melhoraram quando os funcionários da empresa que compareceram ao Hack Day realizaram "trabalhos realmente bons e obtiveram mais visibilidade", afirmou Hoffman.

Os Hack Days também geraram produtos tangíveis para a Yahoo!, de combinações de aplicativos a novas interfaces e pesquisa avançada, como a ferramenta batizada de Yahoo! Tech Buzz, que tentava fazer previsões usando um mercado eletrônico onde as pessoas faziam apostas em resultados concorrentes. Dentre as inovações internas geradas pelos Hack Days havia um novo método avançado de pesquisa no Yahoo! Mail (batizado de "Hulka"); uma nova marca de sites locais chamada "Our City", que mesclava fotos, informações de eventos, acontecimentos relevantes locais e vários outros dados; um novo sistema de autenticação (BBAuth) que a Yahoo! usou para trazer sites externos para sua rede; novos formatos de exportação e interfaces de desenvolvedores (APIs) para o Flickr e Yahoo! Photos; novas ferramentas para o PHP (processador de hipertexto) e as linguagens de programação .NET.

A Atlassian obteve sucesso semelhante e agora organiza FedEx Days trimestralmente e colheu uma safra substancial de novos recursos nos 19 eventos já realizados. A JotSpot, de forma semelhante, obteve resultados positivos com as Hackatonas antes de ser adquirida pela Google em 2006.

Os Hack Days também fornecem benefícios intangíveis para funcionários e empresas. "Além das inovações decorrentes", afirmou Cannon-Brookes, "há o fato de solicitar às pessoas que parem o que estão fazendo, passem 24 horas explorando novas ideias em um ambiente livre, compartilhem os resultados, aprendam com os demais participantes e voltem à rotina – creio que, nesse processo, o moral da empresa aumenta muito. E quando você volta para o trabalho habitual, a maneira como você pensa no produto e no cliente também passa por mudanças semelhantes".

Os Hack Days tiveram um efeito positivo similar no moral da Yahoo!. Zawodny me disse que "era um lembrete oportuno a cada trimestre, de toda a criatividade e capacitação de que dispúnhamos na companhia... especialmente quando, na esfera pública maior, a Yahoo! era criticada pela imprensa".

Os Hack Days fizeram mais que motivar os funcionários; também os ajudaram a se comunicar melhor com as diversas camadas hierárquicas. E, da mesma forma que os encurtam os processos de desenvolvimento dos produtos, também reduzem o organograma da empresa. Não se trata apenas do fato de que participantes podem trabalhar em ideias ainda não aprovadas; mas de que podem expor seus projetos para os mandachuvas da empresa. É o tipo de exposição à qual qualquer defensor de projetos dos 20% de tempo deveria aspirar.

Na Yahoo!, os cofundadores Jerry Yang e David Filo foram jurados desde os primeiros Hack Days, e os CEOs subsequentes Terry Semel, Yang e Carol Bartz também participaram, junto com outros executivos seniores, como o diretor executivo de produtos Ash Patel e o vice-presidente executivo Jeff Weiner.

"A ideia de fazer uma apresentação para toda a companhia é importante", disse a cofundadora do Flickr, Caterina Fake, que administrava o Technology Development Group, de Horowitz, e ajudou a administrar o Hack Day depois que a companhia foi adquirida pela Yahoo!. "Todos os executivos seniores participaram, pelo menos na função de jurados. Alguns também submetiam suas ideias. É importante a alta direção da empresa participar, para garantir o sucesso de um evento como esse."

Claro que pode ser delicado quando executivos educados e extrovertidos se deparam com programadores nerds, em níveis hierárquicos muito abaixo deles. É aconselhável que qualquer pessoa que planeje usar um Hack Day para divulgar um projeto dos 20% de tempo ensaie sua apresentação ou peça orientações ao departamento comercial sobre a melhor forma de fazê-lo. Se não for possível, continue tentando – os Hack Days são excelentes para superar o medo de falar em público.

"Lembro-me do primeiro Hack Day", Dickerson me disse, "algumas pessoas tremiam, mal conseguiam explicar o que estavam fazendo porque nunca haviam falado diante de 150 pessoas, em um ambiente que mais parecia um jogo de basquete da NBA. Era incrível. As pessoas gritavam 'Sim! É incrível! Sim!' O salão transbordava energia.

"Havia um responsável por cronometrar o tempo, e os participantes dispunham de dois minutos para explicar um projeto no qual trabalharam por 24 horas, sem dormir. Eles ficavam muito, muito nervosos. Porém, notei ao longo do tempo que as pessoas começaram a ensaiar o discurso. E, sabe como é, um ano mais tarde, se saíam muito melhor. Tornavam-se melhores apresentadores e oradores."

Na Atlassian, a redução da burocracia até a alta administração começa no FedEx Day, mas pode continuar por muito tempo. Os criadores dos melhores projetos apresentados nos FedEx Days recebem "dias livres" de seus gerentes de produto, com a intenção de aprimorar e reapresentar os projetos. "Ele pode vir de outra equipe, [o gerente] pode até nem controlar o funcionário", Cannon-Brookes disse. "Pegar alguém de outra equipe da empresa pode gerar atritos." Se não houver gerentes dispostos a conceder dias livres, os funcionários podem pegar dias dos 20% para terminar projetos com os quais estejam especialmente entusiasmados.

Os Hack Days perpassam as hierarquias convencionais, mas, por sua vez, ajudam a criar o tipo de polinização cruzada e comunicação *peer-to-peer*, que tornam a Google um terreno fértil para os projetos dos 20%, tal como discutido no Capítulo 1. Na Yahoo!, as demonstrações dos projetos do Hack Day agora são transmitidas ao vivo para toda a companhia por um cinegrafista e um entrevistador itinerantes. As divisões começaram a expor mais detalhadamente as funcionalidades dos softwares por meio das APIs, motivadas pelo desejo de ver seus produtos incorporados às ideias que surgem nos Hack Days. "Um gerente de unidade comercial poderá se sentir deprimido porque, 'puxa vida, fui ao último Hack Day e só vi duas pessoas desenvolverem hacks com base em nossos produtos'", Zawodny disse. "E os engenheiros na sala olhariam para eles e diriam: 'Precisamos construir APIs'. Então, os gerentes responderiam 'É mesmo só isso? Então, vamos em frente.'"

A Atlassian promove almoços informais algumas semanas antes de cada FedEx Day, em que os participantes discorrem sobre suas ideias para os colegas programadores. Uma ata do almoço circula internamente depois; outra oportunidade para colaborar. "Esse almoço serve para estimular ideias prévias e permite que as pessoas pensem sobre elas antecipadamente", Cannon-Brookes comentou.

Depois que os Hack Days da Yahoo! começaram a gerar publicidade e rumores on-line, a companhia começou a responder perguntas de outras empresas. Às vezes, outras companhias entravam em contato com a Yahoo! diretamente; em outras ocasiões, garimpavam informações sobre o Hack Day em blogs e artigos publicados pela imprensa, e então lançavam eventos semelhantes. "Quando começamos a receber perguntas do mundo inteiro é que nos demos conta, e exclamamos: 'Nossa! Criamos algo muito maior que a Yahoo!.'", afirmou Zawodny.

A marcha das empresas que passaram a seguir os passos da Yahoo! e lançaram os próprios Hack Days tem sido impressionantemente constante. Facebook, Microsoft e Google agora organizam seus próprios Hack Days, frequentemente chamados de Hackatonas. O microblog Twitter, que nasceu em um Hack Day organizado pela companhia controladora Obvious Corp., organiza Hackatonas para desenvolvedores. Salesforce.com e eBay também lançaram seus próprios eventos.

"É de fato uma ideia que funciona", disse Arrington, fundador do blog TechCrunch. "Agora organizamos um em todos os eventos [TechCrunch] Disrupt. Um estouro total: a camaradagem. A atmosfera competitiva, porém social. Tudo é muito nerd e muito divertido."

As Hackatonas também foram disseminadas nas áreas da música e das artes visuais. Para citar alguns exemplos: um músico de Dallas lançou uma competição mensal chamada "Laptop Deathmatch", em que os participantes dispõem de três minutos para criar uma música utilizando apenas um laptop e um controlador externo. Uma galeria de arte de Boulder, no Colorado, organizou uma "batalha de arte" em que, a cada trinta minutos, uma nova palavra ou frase seria falada, e dois pintores se apressariam em retratá-la. O ilustrador de Chicago, Ezra Claytan Daniels, regularmente organiza um "espetáculo de arte viva" batizado de Comic Art Battle, em que equipes de artistas e escritores competem em batalhas-relâmpago de ilustrações de histórias em quadrinhos, julgadas pelos aplausos da plateia.

"Estou convencido de que foi uma das contribuições mais valiosas e duradouras da Yahoo! para a cultura da internet", disse Havi Hoffman.

Apesar de todo seu sucesso como fenômeno cultural e de gerar produtos interessantes para a Yahoo!, os Hack Days não produziram inovações suficientes para manter a empresa à frente da concorrência. Em 2009, a Yahoo! assinou um acordo com a Microsoft pelo qual cedia seu mecanismo de busca para o Bing da Microsoft. Há uma constante deserção de talentos técnicos da companhia; todos os principais fundadores do Hack Day agora trabalham em outras empresas: Dickerson é CEO da Etsy, Zawodny é CTO da Craigslist e Horowitz lançou e administra a rede social da Google, chamada Google Plus.

Isso nos leva a duas discussões saudáveis sobre o formato do evento, que devem ser consideradas por qualquer pessoa interessada em lançar ou participar de um: se a Yahoo! entendeu corretamente a estrutura dos eventos e se os participantes deveriam – ou precisam – trabalhar a noite inteira.

O Hack Day "não necessariamente resolveu o problema de lançar bons produtos mais rápido", Dickerson disse, "porém creio que provamos que a inovação não é um problema de baixo para cima – às vezes, dispomos de tudo o que precisamos para desenvolver produtos realmente impressionantes; é somente uma questão de o processo e a administração de cima para baixo fazerem a sua parte".

Outros veteranos da Yahoo! concordam que a empresa foi pioneira no desenvolvimento do formato do Hack Day, embora não tenha conseguido tirar o máximo de proveito dele. Os melhores Hack Days, em outras palavras, ainda estão por vir. É uma ideia que cresceu mais que a empresa.

Daniel Raffel, programador e ex-gerente sênior de produtos da Yahoo!, viu outras companhias fazerem muito mais com o formato do Hack Day que a própria Yahoo! popularizou. Isso ocorre porque os eventos da empresa tendem a incentivar a demonstração de ideias aos colegas programadores, em vez de tentar criar produtos que a companhia pudesse desenvolver. Parte do problema, segundo Raffel, é que os produtos da Yahoo! são mais difíceis de se adaptar a essas ideias porque as interfaces de programação são caóticas – "abandonadas, não utilizadas por muito tempo" – em comparação com as do Facebook e do Twitter. "A Yahoo! não tinha uma cultura de engenheiros", concluiu.

Raffel, que ajuda a organizar Hack Days musicais e as Hackatonas do TechCrunch, acredita que, se a Yahoo! tivesse um foco mais forte nos engenheiros do alto escalão da empresa, como a Google e o Facebook fizeram, os participantes de Hack Days teriam criado softwares que valorizariam os benefícios práticos em detrimento da efervescência. Em um evento recente do Twitter, por exemplo, os engenheiros aperfeiçoaram o software da Mac para fazer downloads de *tweets* com muito mais rapidez, utilizando a recém-padronizada conexão de *streaming* disponível publicamente. "Eles acabaram lançando na Mac

App Store um dos mais bem-sucedidos produtos até agora", Raffel declarou. "Aquele não foi um projeto que estivesse nos planos oficiais da companhia... em uma organização produtiva e saudável, em que os Hack Days são um sucesso, eles desenvolvem códigos que as outras pessoas queiram utilizar."

"As Páginas de Amizade surgiram de um projeto de Hack Day", acrescentou, mencionando um novo recurso do Facebook, que mostra todas as postagens públicas entre duas pessoas e suas fotos juntas. "É uma ideia brilhante."

Não é apenas a cultura do Hack Day que necessita de refinamento; a mecânica também. Douglas Crockford, autor de best-sellers sobre programação e arquiteto de software da Yahoo!, se preocupa com a qualidade dos softwares que surgem nos eventos da empresa.

"Como metodologia de desenvolvimento, esses softwares são quase criminosamente horríveis", Crockford disse. "O que acontece em um Hack Day não é saudável, de jeito nenhum... Você nunca consegue fazer o melhor trabalho quando não dorme bem... além da falta de sono, tem aquela comida horrível e coisas do gênero... Na execução de uma programação, a cabeça ferve de tantas ideias. O esforço ao longo das 24 horas é tentar fazer o que está na sua cabeça passar para seus dedos e, então, para o teclado; e daí para algo executável e que não pode falhar. Isso é realmente muito difícil.

"A minha maior restrição em relação a isso é que o desenvolvimento do software para nós é uma maratona, não um arranque. Estamos tentando criar o site mais famoso do mundo, e isso não se faz em uma madrugada, é algo muito maior... Às vezes, falta ênfase no pensamento de longo prazo: 'Vejamos o que surgirá em 24 horas e seguimos em frente.' Assim, esse comportamento incentiva a companhia a ser – ou permite que permaneça – míope em partes de suas atividades."

Ainda assim, "embora haja aspectos não saudáveis, acho divertido. Portanto, se você conseguir pessoas que queiram participar, é uma boa ideia... Como eventos, os acho muito divertidos, se você encará-los como um tipo de atletismo para programadores".

Embora a Yahoo! tenha continuado a lutar com sua estratégia geral, não há dúvida de que o Hack Day se tornou um modelo amplamente aceito para estimular projetos no estilo dos 20%, adotado pelas empresas mais inovadoras do Vale do Silício. Como Dickerson uma vez escreveu em seu blog: "Sempre me surpreendi com a maneira como pessoas inteligentes associam qualidades autolimitantes às organizações... Companhias grandes são 'lentas'. Companhias pequenas são 'ágeis'. Essas empresas nunca nos permitiram agir assim. O que acontece quando você trabalha em uma empresa de grande porte e é capaz de colaborar para o crescimento da organização, a fim de formar rapidamente uma equipe *ad hoc* enxuta e enérgica, com ampla expertise (técnica, administrativa, jurídica, de segurança, de rede etc.)? Algo seguramente muito poderoso: você consegue transformar aquele cético 'eles', que nunca deixam você fazer nada, em um 'nós', impossível de ser detido, que jamais aceita 'não' como resposta. Descobri que a inspiração pode ser a única fonte de energia renovável do mundo e pode se expandir num ritmo frenético."

As palavras de Dickerson são inspiradoras, porém é importante recordar que uma inspiração expansível não surgiu espontaneamente na Yahoo!; teve de ser estimulada em uma estrutura social apropriada.

4

No Bronx, o surgimento de uma escola advinda de um projeto paralelo

Como Joan Sullivan levou a filosofia dos 20% de tempo a uma escola secundária em um nível mais elevado

Não havia muitos recursos no lar de Joan Sullivan. Com 10 crianças na família, em uma região semirrural do estado de New Jersey, a vida podia se tornar caótica. O pai excêntrico de Joan incentivava a situação; o ex-padre jesuíta, que virou psicólogo gestaltiano e depois um jogador de pôquer que apostava alto, não acreditava em imposição de regras. Não havia hora para dormir. Ele tampouco acreditava nas escolas tradicionais, argumentando que sufocavam a criatividade. Encorajava as crianças a frequentarem uma "escola livre" anarquista e brincarem na fazenda da família, perto de Princeton. "Ele tentava constantemente me tirar da escola", Joan me confidenciou. "Ele achava que a escola sufocaria minha criatividade, e eu tinha de argumentar com ele por que eu deveria continuar na escola... Era realmente a estrutura oposta." O tiro saiu pela culatra: Joan não só permaneceu na escola tradicional como se tornou secretária de educação dos Estados Unidos.

Seu pai não conseguiu torná-la avessa à escola, porém ela herdou dele o espírito livre, a mente afiada e a habilidade de enfrentar desafios complexos em um ambiente anárquico. Ela seguiu adiante, fundando, aos 29 anos, uma das escolas secundárias mais bem-sucedidas de Nova York, justamente no distrito congressional mais pobre dos Estados Unidos.

Quando Nova York liberou o primeiro "Relatório de Progresso" das escolas públicas em 2007, a escola de Sullivan, Bronx Academy of Letters, foi classificada em sétimo lugar, de um total de 400 escolas secundárias públicas da cidade, obtendo grau A. Dois anos depois, a revista *U.S. News and World Report* reconheceu o valor da escola, incluindo-a na lista de "Melhores Escolas Secundárias". Em 2009, a Bronx Academy of Letters ostentava um índice de graduação bem acima dos 90%, comparado com o índice médio da cidade, de 52%. Um fato ainda mais extraordinário é que a taxa de aceitação nas universidades também estava acima de 90%. Nas primeiras turmas de graduação, a escola enviou alunos para Columbia, Fordham, Sarah Lawrence, Wesleyan, Skidmore, Northeastern e SUNY Binghamton. O sucesso local foi ratificado por doações superiores a US$5 milhões e doações particulares irrestritas para a dotação da escola em seis anos, bem como recursos extras de filantropos progressistas, como a Bill and Melinda Gates Foundation, que fez doações por meio da rubrica das "Novas Visões Não Lucrativas para as Escolas Públicas".

"Ela foi realmente uma educadora soberba", me disse o ex-chanceler das escolas da cidade de Nova York, Joel Klein. "Ela acredita firmemente no poder das altas expectativas, que se tornaram o grito de guerra da escola e consistiam em se recusar a admitir que o fato de a escola Bronx Academy of Letters atender às populações desassistidas a impediria de obter resultados consistentemente bons... Isso está entranhado em seu DNA."

Como veremos, os altos padrões de Joan Sullivan e sua confiança incomum não são apenas importantes e encorajadoras para os alunos e professores. Os altos objetivos que traçou e o destemor com que procurou cumpri-los demonstram como qualquer pessoa deve proceder para transformar uma pequena experiência em algo maior. Há lugares apropriados para expectativas modestas e cautelosas. Um projeto no estilo dos 20% não é um deles.

A Bronx Academy of Letters é um exemplo de como uma grande organização pode graduar alunos além dos 20% de tempo, criando um canal que permite aos funcionários talentosos transformarem suas ideias experimentais em organizações independentes dentro da instituição maior. O sistema municipal de ensino da cidade de Nova York parece muito diferente da Google, porém sob o comando do chanceler Klein, de mentalidade reformista, o sistema municipal adotou uma filosofia de administração semelhante. Klein facilitou a criação de pequenas escolas, com diversificado leque de temas acadêmicos, e as levou para os distritos mais pobres da cidade – de forma semelhante à quantidade de equipes pequenas e fluidas da Google, sua ampla gama de projetos, os dos 20% e outros.

Klein deu às pequenas escolas liberdade para operar fora das rígidas normas regimentais que governavam as maiores e mais antigas escolas da cidade. De forma semelhante aos projetos dos 20% de tempo na Google, essas escolas eram administradas em função da visão de certos indivíduos; Klein concedeu a diretores de escola como Sullivan ampla margem de ação. Eles podiam contratar e promover sem considerar a senioridade. Podiam alocar os próprios orçamentos, criar os próprios currículos. Da mesma forma que os líderes dos projetos dos 20% na Google, os diretores dessas escolas operaram com um mínimo de supervisão. Klein mantinha controle sobre os diretores dessas escolas com base nos boletins dos alunos durante o período em que as frequentavam. "Transformamos o diretor, de um agente da burocracia a CEO da escola", foi a definição de Klein para esse procedimento em uma entrevista.

Naturalmente, os riscos eram maiores nas escolas públicas que na Google. Era o futuro das crianças que estava em jogo. Assim, Nova York assumiu uma abordagem mais desenvolvida para suscitar inovações. O sistema de Klein era como o dos 20% de tempo em seu aspecto macro, assim como os Hack Days da Yahoo! seguiam o estilo dos 20% de tempo em seu aspecto micro. Diretores como Joan Sullivan trabalhavam em tempo integral, assim como os professores; para eles, a escola não era um projeto dos 20% de tempo. Contudo, o quadro de funcionários apreciava o mesmo tipo de controle descentralizado, marca registrada do estilo dos 20% de tempo, e, como organizações, as escolas eram de fato projetos paralelos no sistema educacional de

Nova York. Entre as mais bem-sucedidas escolas, estava a fundada por Joan Sullivan.

Joan veio para o sistema municipal de escolas de Nova York com um fervor pelas realizações criativas que beirava a religiosidade. Sempre carregou nos ombros o que chamava "grandes sonhos malucos" de seus pais, a opinião de que a família caótica que vinham criando era "realmente importante, como se tudo o mais estivesse em jogo". Seus irmãos vinham de casamentos anteriores, antes de os pais unirem as duas famílias, no estilo "Brady Bunch".* Como a única filha do casal, único membro da família com laços de sangue com todos da casa, Joan sentia ser seu dever realizar os sonhos dos pais.

Seu pai trabalhava como escritor e cuidava da casa, enquanto o negócio da mãe, nas áreas editorial e fotográfica, a tornou a provedora da casa. A revista *People* publicou um artigo sobre a família em 1975, sob o título "A feminista Pryde Brown acha que o marido, dono de casa, é uma 'mãe maravilhosa' para os 10 filhos". Grande parte da história era "fantasia", afirmou Joan. Porém, o ideal de mudar o mundo permaneceu com ela. "Há toda uma narrativa [na revista *People*] a respeito de como esta era é diferente e de que há um papel diferente para as mulheres e para os homens", disse. "Um conceito diferente de família, um conceito diferente de gênero. Eu queria fazer parte de algo grande assim, para ajudar a fazer uma mudança importante."

Quando criança, Joan tentava "ganhar" as discussões durante o jantar com os nove irmãos mais velhos. Seu espírito competitivo era bastante útil; ela ingressou na Yale, foi goleira campeã nacional de hockey e, depois de se diplomar, em 1995, foi trabalhar na New York's Civilian Complaint Review Board – Junta de Revisão das Reclamações dos Cidadãos da Cidade de Nova York. No ano 2000, Joan participou da campanha presidencial do senador Bill Bradley, experiência sobre a qual refletiu em sua biografia, publicada em 2002, bem

---

* *Nota do Tradutor*. Programa da televisão americana que ficou no ar durante 5 anos, similar à extinta "Família Trapo" no Brasil.

acolhida pelo público e intitulada *An American Voter: My Love Affair with Presidential Politics*.

Enquanto trabalhava no livro, Joan iniciou a carreira na Educação, lecionando História em uma escola secundária pública, no sul de Bronx. Recebeu o prêmio de professora do ano, bela honraria para colocar ao lado das críticas favoráveis ao seu livro ("surpreendentemente cheio de suspense... e redigido de forma pungente", resumiu *Publishers Weekly*). Depois de dois anos como professora, Joan começou a se questionar se poderia fazer um trabalho melhor como diretora. "Quando trabalhava nas escolas, eu achava que os diretores eram como alavancas subutilizadas. Certificarmo-nos de que dispúnhamos de diretores eficientes nas escolas era essencial em qualquer reforma, então, subitamente, me interessei por esse tipo de ideia. Não me imaginava fazendo carreira nas escolas públicas. Porém, a relevância da função de diretora se tornou muito importante para mim." A organização sem fins lucrativos denominada Urban Assembly, que criara a escola em que Joan lecionava, se preparava para abrir outra. Joan foi conversar com o CEO da Urban Assembly para perguntar se poderia colaborar. Claro, ele disse. Porém, a proposta tinha de estar pronta em duas semanas.

Joan hesitou. Ela era jovem, inexperiente em Educação e sequer dispunha dos requisitos para ocupar o cargo de diretora. Foi uma audácia de sua parte, com a experiência de apenas dois anos, tentar colocar em funcionamento uma escola nova em folha. A ideia de fundar uma escola era, em suas próprias palavras, "louca". "Eu sequer dispunha de credenciais apropriadas para lecionar, quanto mais para ser diretora", ela disse. "Eu tinha uma credencial temporária para lecionar, não para administrar... Richard Kahan, o diretor da Urban Assembly, me disse, 'Sabe, às vezes, o *timing* e a vida não são perfeitos, porém esta é uma oportunidade única... existe esse trabalho profundamente importante a ser feito, agarre a oportunidade.' E foi o que fiz."

Joan concordou em elaborar uma proposta para Kahan. Com Klein como chanceler, ela via uma oportunidade única de criar algo realmente inovador, livre da burocracia habitual do sistema educacional.

Da mesma forma que Chad Dickerson desencadeou as inovações na Yahoo!, evitando a burocracia da companhia por intermédio do Hack Day, Joan esperava poder neutralizar as expectativas negativas quando liberta de algumas regras que governavam a maioria das escolas nova-iorquinas.

"Em outras circunstâncias, eu poderia ter ido para uma escola preexistente e tentado melhorá-la", Joan disse. "Porém, não era isso que estava acontecendo em Nova York... A cidade encontrava-se em meio a um movimento reformista que, basicamente, dizia: 'Vamos pegar as grandes escolas secundárias fracassadas e subdividi-las.'"

Klein foi nomeado pelo prefeito Michael Bloomberg, em 2002, o primeiro chanceler estabelecido sob um novo sistema, em que o prefeito nomeava o chanceler diretamente e controlava a Junta da Educação. Klein e Bloomberg iniciaram um esforço abrangente e controverso para reformar as escolas da cidade, com especial atenção à melhoria das instituições dos bairros mais pobres. Eles impuseram um sistema público de testes e notas por meio de letras que tentava responsabilizar as escolas pelo seu desempenho, concederam aos diretores muito mais liberdade de contratação, e substituíram muitas escolas maiores, com baixo desempenho, por outras menores. Durante o mandato de oito anos de Klein, ele fechou quase 100 escolas e abriu 450 menores, como a de Joan Sullivan.

"Tínhamos três mil crianças, a maioria das quais com baixo desempenho", Klein relatou. "Não havia motivação pessoal – as faculdades privilegiavam os melhores alunos. Os demais ficavam perdidos no espaço. Alguns aspectos sobre as escolas pequenas realmente me atraíam, por exemplo, o fato de terem sido criadas em um tamanho que as previne da anomia de algumas daquelas grandes escolas fracassadas... [em que] uma sensação de derrota tomara conta do lugar. A quebra dessa sensação criava uma personalização... Todas as pessoas se conhecem em uma classe com 108 ou 110 alunos."

O ciclo de fechar e abrir escolas também facilitou a troca de professores, uma vez que os diretores podiam selecionar seu pessoal, sem precisar se submeter ao processo já existente de substituição de maus professores, muito mais difícil por conta do contrato coletivo do sindicato dos professores.

A escola que Joan Sullivan se propôs a criar estava centrada na leitura e na redação. Ela acreditava profundamente que adquirir a capacidade de se comunicar era um pré-requisito para a realização de outros feitos acadêmicos. E o tema literário se encaixava bem no histórico de Joan, como autora já publicada, cujas irmãs incluíam as romancistas Jenny e Martha McPhee. Joan nunca conseguiu se render completamente à ideia de uma educação tão segmentada, porém a Urban Assembly estava tentando montar escolas temáticas. Muitas das outras escolas da cidade haviam diminuído seus currículos, descartando ou reduzindo aulas de artes e atletismo, por exemplo. Joan queria mirar mais alto – focar não apenas a formação no ensino médio, mas fazê-los serem admitidos nas principais faculdades e expô-los a um currículo mais amplo. "Muitos estudantes são artistas naturais, músicos naturais ou atletas naturais, de modo que é precisamente nessas áreas que se sentem confiantes e reconhecidos", Joan disse. Uma escola com sistema de avaliação com base em letras era ampla o suficiente para abranger esses objetivos grandiosos ao mesmo tempo que era suficientemente focada para a Urban Assembly.

Klein aprovou a proposta de Sullivan e da Urban Assembly em abril de 2003. Joan dispunha de apenas dez meses para conseguir financiamento para a nova escola, contratar professores e obter qualificação exigida para se tornar diretora – tudo isso enquanto lecionava em outros lugares durante o dia e cursava oito matérias diferentes no Mestrado à noite. Foi o tipo de pressão de prazos com os quais Caterina Fake teve de lidar no Flickr e com os quais os participantes das hackatonas de Dickerson estavam bastante familiarizados.

A escola seria instalada na região Mott Haven, ao sul do Bronx, no distrito congressional mais pobre dos Estados Unidos (excluindo Porto Rico), o 16º distrito de Nova York. Noventa por cento dos alunos da Bronx Academy of Letters vinham de famílias abaixo da linha de pobreza. A escola funcionava dentro de uma antiga escola intermediária, fechada por fracassar inúmeras vezes em atingir os padrões de responsabilidade da cidade e do estado, conhecida por uma minirrebelião, em que os estudantes despejaram óleo nas escadas, e os professores se trancaram nas salas de aula.

A academia tinha uma política de admissão aberta, de modo que não selecionava os alunos. Setenta e nove crianças da região se matricularam no nono ano. Muitas viviam em asilos ou abrigos ou estavam no processo de aprender a língua inglesa. A habilidade de leitura de 60% deles estava abaixo do ano escolar que cursavam.

Era assustador para uma professora com parcos dois anos de experiência no sistema tentar montar uma nova escola; ou para alguém da Ivy League, onde tinha bons contatos e fazia parte de uma dinastia literária prestigiada no país fazê-lo em um dos bairros mais violentos de Nova York. Ainda assim, Joan seguiu adiante. Isso demandou uma audácia extraordinária, sua marca registrada na carreira e na vida. "Sou uma pessoa com bastante autoconfiança", brincou ela, depois que perguntei sobre suas escolhas ambiciosas. A garota, que desafiava os desejos do pai para se matricular nas escolas primária e secundária e depois entrar para Yale, tornou-se uma mulher que estabeleceu uma escola regida por suas próprias regras, bastante diferentes. Para uma mulher com apenas 29 anos, suas ambições eram de fato muito grandes.

É o tipo de autoconfiança necessária para ser notada quando se está trabalhando nas margens, quando se está tentando fazer algo diferente em uma pequena escala – Joan começou com apenas uma série – em um canto obscuro de uma instituição maior. Para aquelas pessoas que acreditam o suficiente em suas ideias a ponto de se apaixonar por seus projetos, a confiança de Joan deveria servir de modelo. Qual é o sentido de investir todos os momentos livres em um plano e não se sentir entusiasmado com ele? Evidentemente, você precisa estar envolvido no que está fazendo e ter a ambição de agarrar grandes e assustadoras oportunidades se quiser transformar sua paixão em algo inspirador e contagiante.

Joan Sullivan descobriu que obter a aprovação oficial para a escola foi a parte mais fácil. Depois, veio o desafio de encontrar bons professores para a turma inicial de 79 alunos da nona série. Havia apenas cinco professores para começar, porém Joan sabia que encontrar os cinco professores *ideais* era crucial. Para entrar em uma faculdade, os alunos teriam de aprender a matéria normalmente ensinada ao longo de anos em um único, e Joan queria professores que conseguissem estabelecer uma comunicação com a turma a fim de torná-los não só participativos como entusiasmados. Tratava-se de um aterrorizante desafio de seleção. Contudo, Joan foi abençoada com uma flexibilidade extraordinária na hora de contratar e negociar os benefícios. A maioria dos diretores de escolas de Nova York era obrigada a privilegiar a senioridade nessas situações, mesmo depois que Klein e Bloomberg conseguiram eliminar alguns direitos de senioridade. Porém, um capítulo dos contratos coletivos dos professores, conhecido como 18D/18G, abria uma exceção no caso das novas escolas, o que significava que Joan tinha ampla margem de manobra para contratar e promover os professores de acordo com os próprios critérios.

"As pessoas que se dispõem a lecionar no sul do Bronx ou em Watts são de fato muito ambiciosas", afirmou. "Elas querem encarar os desafios mais difíceis. Porém, a nossa profissão falha com eles porque não há como avançar na carreira, com exceção das promoções-padrão a cada dois ou três anos."

Mesmo quando centenas de currículos apareceram, Joan não estava segura de que conseguiria contratar o número suficiente de bons professores. As cinco contratações iniciais tinham históricos profissionais diversos. Alguns não se adaptaram e acabaram saindo; porém outros acabaram desempenhando papéis centrais no sucesso da escola, incluindo Anna Hall, ex-redatora de discursos que rapidamente subiu na hierarquia da escola.

No verão anterior ao início das aulas, o Departamento de Educação de Nova York alocou um orçamento relativamente generoso para a escola. Havia dinheiro suficiente para suprir pequenas turmas, limpar as salas, comprar livros, carteiras e outros objetos, longe de serem garantidos nas escolas públicas de Nova York hoje em dia, como grampeadores, armários e até mesmo pastas diferenciadas por cores para cada aluno. A quantia era generosa para os padrões da cidade. Ainda assim, Joan começou um esforço intensivo para levantar dinheiro para financiar bolsas, projetos importantes e gastos operacionais em nome dos alunos que gerassem recursos para a construção posterior de uma biblioteca, reforma do auditório e compra de computadores novos, bons equipamentos de laboratório e uniformes. Isso era extraordinário mesmo em Nova York, cidade cheia de famílias abastadas, com grande interesse nas escolas públicas.

"A minha visão era a de que deveríamos adotar as boas práticas das escolas cooperativas e particulares e tentar aplicá-las na nossa escola. Boa parte dos recursos doados por pessoas jurídicas e físicas, investidos na educação, tendem a ir para as escolas cooperativas, que possuem seu papel. Porém, em nível nacional, significam apenas 2% ou 3% de nossas escolas... Há enorme interesse na educação pública. As pessoas querem participar; acreditam na educação pública mesmo quando não matriculam os filhos nessas escolas."

Joan montou uma equipe para levantar dinheiro, que incluía ganhadores de prêmios literários, como o romancista Michael Cunningham, o biógrafo Robert Caro e o crítico de arquitetura Paul Goldberger. Os esforços da escola para levantar recursos foram rapidamente bem-sucedidos, chegando a centenas de milhares de dólares por ano, além das doações, como as da Gates Foundation e outros recursos privados canalizados pela municipalidade. "Eu nunca tinha ouvido falar de nenhuma outra escola que tivesse feito isso antes, que tivesse uma equipe como a nossa ou que levantasse tantos recursos", disse Joan.

A Bronx Academy of Letters foi inaugurada em setembro de 2003, com alguns incidentes. Logo no primeiro dia, dúzias dos 79 alunos inicialmente inscritos compareceram sem o uniforme obrigatório: camisa polo azul, calça preta e sapatos pretos. Foi um gesto de rebeldia; os uniformes foram distribuídos às famílias com muita antecedência.

Os alunos preferiam marcas como Hilfiger e Nike, em detrimento da solicitação de Joan. Para ela, foi um momento de definição. Estava determinada a não permitir que a academia abrisse exceções e não cedeu um milímetro. A diretora mandou para casa todos os alunos sem uniforme para que trocassem de roupa. Os que voltaram com roupas comuns foram mandados embora novamente. Era um jogo: um grupo de alunos que Joan queria entusiasmar e inspirar, não alienar. Contudo, ela também precisava demonstrar que a escola exigiria mais deles. "Era na verdade um desafio às rotinas do passado", Sullivan comentou mais tarde sobre esse incidente, "e, para o sistema educacional, um desafio a muitas promessas não cumpridas".

Seus altos padrões continuaram ao longo do ano letivo.

Havia aulas especiais. Dentro da escola, a questão da leitura e da redação era inexorável. Havia um jornal da escola e uma revista literária. Havia foros semanais de redação com autores profissionais. Era obrigatório tomar notas num caderno até mesmo nas aulas de matemática; os alunos tinham de explicar com suas próprias palavras sua compreensão de fórmulas e problemas. Escritores residentes se revezavam na escola, lecionando em seminários intensivos. E estantes de livros ocupavam todos os corredores; os alunos eram incentivados a levar livros para casa.

Porém, Joan foi além. Seu objetivo era fazer os alunos serem aceitos nas universidades, o que significava prover conhecimentos além dos muros da Bronx Academy. Em atividades extracurriculares, os alunos eram enviados para acampamentos de verão e para trabalhar nas fazendas. Joan os levou a visitas em *campi* universitários em toda a Costa Leste e conseguiu matriculá-los em programas pré-universitários, em universidades como Princeton, Cornell, University of California at Berkeley e Georgetown. Ela até conseguiu enviá-los ao exterior; mais tarde Joan pôde se vangloriar de que os alunos da Bronx Academy of Letters tinham visitado dúzias de países pelos cinco continentes no sexto ano do programa. "É isso que os motiva, desperta seus interesses e, em última instância, muda suas vidas", Toni Bernstein, presidente da junta de conselheiros da escola me disse. A escola contratou dois funcionários em tempo integral para descobrirem atividades externas e programas dos quais os alunos pudessem participar.

"Como professora", Joan afirmou, "descobri que, com mínimas exceções, nenhum deles visitara sequer uma das várias instituições culturais ou outros pontos da cidade que estimulassem a imaginação. Eu me sentia como se estivéssemos dizendo: 'Bem, vão para a faculdade, vão para a faculdade', mas 95% dos alunos não conheciam ninguém que tivesse ido para uma faculdade, e nunca tinham estado em um *campus* universitário, além de caminharem pela Hostos Community College, que parecia bastante com as escolas secundárias no sul do Bronx... Eu tinha muitos alunos do Bronx e que nunca tinham visto a Estátua da Liberdade, nunca tinham ido a Coney Island e visto o oceano".

Ampliar o horizonte dos alunos, levando-os a novos lugares e experiências era, Joan acreditava, crucial para o futuro delas.

"O que me motiva é compreender o sentido de possibilidade que a vida propicia", Joan disse. "O motivador é relacionar as possibilidades com seus próprios interesses e talentos... A razão por que nos preparamos para os exames vestibulares é podermos nos imaginar indo para a faculdade. A razão por que estudamos bastante nas aulas de matemática é termos a noção de que poderemos aplicar esse conhecimento mais tarde, em um ambiente profissional."

A forma como Joan iniciou e administrou a Bronx Academy of Letters deve sublinhar, para qualquer pessoa interessada em iniciar um projeto no estilo dos 20%, a importância de estabelecer e atender expectativas elevadas. Joan muitas e muitas vezes se recusava a deixar que preconceitos sobre ela mesma, a escola ou os alunos atrapalhassem sua ambição. A despeito de ter recebido uma alocação orçamentária municipal generosa, Joan buscou doações privadas de forma agressiva e, além delas, dotações. Quando os alunos apareceram no primeiro dia de aula sem uniforme, Joan não recuou um milímetro; tampouco entendia por que os alunos de um bairro pobre não poderiam aprender com escritores profissionais, viagens a outros países ou com aulas nas universidades da Ivy League. "Queria me certificar de que eles tivessem a sensação de ilimitadas possibilidades. O pior tipo de discriminação que constatamos em nosso sistema educacional é a baixa expectativa intencional e não intencional... é de fato uma discriminação insidiosa. Já vi pessoas de todas as raças, cores e idades, tamanhos e formas, chegando às escolas e dizendo coisas do tipo: 'Você não pode fazer isso'."

Já mencionei a importância de estar confiante e ambicioso com relação ao seu projeto paralelo. Criar altas expectativas, como Joan fez, é o resultado natural desse tipo de ousadia. Projetos oficialmente patrocinados podem sobreviver mesmo quando são medíocres. Um projeto dos 20% de tempo não pode contar com esse luxo, precisa demonstrar excelência. Quando você está em busca de atenção, precisa de algo que seja realmente capaz de despertar entusiasmo instantaneamente. "Você precisa acreditar que é possível", Joan me disse, "porque geralmente a intuição das pessoas é forte... você consegue influenciar sua equipe e persuadi-la de que o projeto é factível".

Com elogios e quadro de funcionários estabelecido, a Bronx Academy of Letters percorreu um longo caminho para chegar ao critério original de Joan para a obtenção de recursos. Nos primeiros seis anos, a escola levantou US$5 milhões em fundos particulares e foi notícia no *New York Times* por ter recebido boa parte dos US$29,2 milhões da Bill e Melinda Gates Foundation, concedidos a diversas escolas públicas avançadas de Nova York. PEQUENA ESCOLA SECUNDÁRIA DO BRONX É AGORA MODELO era a manchete da reportagem. Ela utilizou parte dessa verba para expandir, acrescentando uma escola intermediária em 2007. Atualmente, conta com quase quinhentos alunos e oitenta professores e continua a amealhar prêmios.

No fim de 2009, Joan aceitou o cargo de subprefeita de Los Angeles, com a missão de supervisionar as escolas da cidade. Em uma despedida pública, Klein chamou a diretora de "líder audaz e visionária" que "serviu à cidade de Nova York e aos nossos alunos extremamente bem".

No discurso de despedida aos alunos da Bronx Academy of Letters, Joan Sullivan foi ovacionada entusiasticamente por centenas deles. Porém, ela continuou exigindo que eles fizessem mais e melhor.

"Sempre recebi a mesma crítica, mais frequentemente que qualquer outra, acreditem ou não, tanto dos alunos quanto de minha equipe", Joan disse à plateia reunida na academia. "A crítica é: 'Pelo amor de Deus, por apenas um segundinho, me faça algum elogio, perca apenas um minutinho para falar de todos os nossos grandes feitos'. Mas não farei isso neste momento. Apenas direi que, durante muitos anos, caminhei por esses corredores e sei que vocês falaram mal de mim, tanto direta quanto indiretamente..."

"E não pedirei desculpas a vocês por isso, porque acredito, acima de tudo, que o maior gesto de respeito que uma escola pode ter para com vocês é mantê-los no padrão mais elevado possível, não apenas em seu próprio benefício, mas em benefício da sociedade."

"O futuro deste país, desta economia e desta democracia, o futuro da justiça e da igualdade e de todas as coisas que realmente importam, depende de vocês, de vocês fazerem todo o possível para serem bem-sucedidos. E nesse mesmo tom, os professores sempre disseram: 'Espere um segundo, tenho uma taxa de aprovação de 90%, será que não dá para você parar um pouquinho e apreciar esse fato?', e a minha resposta é: 'não, não podemos.' Não podemos porque isso é urgente. E o que torna a profissão de professor tão estimulante e que nos faz querer continuar é o fato de essa tarefa ainda não estar terminada, nem sequer perto disso. Há muito o que fazer para transformar essa sociedade no que deveria ser."

5

O *Huffington Post* leva a doutrina dos 20% às massas

O Projeto "Fora do ônibus" mudou a forma como elegemos nossos líderes e nos organizamos

Até agora, analisamos projetos paralelos de funcionários. Neste capítulo, examinaremos algo diferente: um projeto que canalizou o tempo livre das pessoas muito além da companhia patrocinadora, chegando a milhares de colaboradores voluntários em todo o país. Trata-se de um projeto dos 20% de tempo em escala maciça. Os participantes incluíam estudantes, professores, atores e técnicos em computação.

O projeto do jornal *Huffington Post*, denominado "Fora do ônibus", foi o primeiro caso em que a ideia do jornalismo feito pelo cidadão de fato funcionou, jornalismo feito por amadores, que escrevem histórias sem qualquer remuneração para fazer chegar à imprensa as preocupações das pessoas comuns nas ruas. No fim da eleição de 2008, o "Fora do ônibus" havia mudado a mídia e a política para sempre.

"Antes do 'Fora do ônibus', ninguém acreditava que o [jornalismo] híbrido, feito por profissionais e amadores, pudesse funcionar", disse Clay Shirky, conferencista da New York University e especialista na cultura da internet. "Depois disso, todos copiaram." Como o *New York Times* escreveu, no calor da campanha presidencial de 2008, "O 'Fora do ônibus' é agora provavelmente o maior... de todos os novos sites políticos que não pertencem a um candidato, a surgir durante [a disputa]".

Muito do crédito vai para Amanda Michel, que comandou as operações diárias do "Fora do ônibus". Sua experiência no mundo real, organizando voluntários na internet para dois candidatos presidenciais, a ajudou a realizar a visão de um sem-número de utópicos cidadãos jornalistas, com brilho nos olhos, que apareceram antes. "O trabalho da Amanda no 'Fora do ônibus' ajudou a transformar o jornalismo de duas grandes maneiras", disse Shirky. "Em primeiro lugar, ela mostrou que o jornalismo cidadão não era apenas possível, mas factível, e, em segundo lugar, que os amadores agregam valores diferente dos profissionais."

No Capítulo 4, vimos como os elevados padrões de Joan Sullivan criaram um oásis acadêmico para as crianças no sul do Bronx. Neste capítulo, veremos como Amanda e equipe convenceram milhares de adultos a obedecer a padrões não menos ambiciosos, a fim de mudar a forma como os americanos acompanham a política. Os projetos dos 20% vivem e morrem em função de sua habilidade de recrutar pessoas, e o 'Fora do ônibus' o fez extraordinariamente bem. Também é um exemplo de como trabalhar de forma eficaz com colaboradores externos.

Diferentemente dos muitos blogs de opinião do *HuffPo* – abreviatura de *Huffington Post* –, os 12 mil voluntários do "Fora do ônibus" foram cuidadosamente treinados e organizados em equipes, para fazer jornalismo altamente coordenado – jornalismo de "mão na massa", que gerou reportagens nacionais importantes. Seus "jornalistas cidadãos" deram o furo de reportagem da história do Bittergate, na qual Barack Obama disse a alguém, em um encontro para angariar fundos de campanha, que residentes amargurados de pequenas cidades "se agarram às armas ou à religião." O "Fora do ônibus" conseguiu uma citação bombástica de Bill Clinton chamando um repórter da *Vanity Fair* de "vagabundo... pilantra", por escrever a respeito de sua esposa. E foi ele quem deu o furo de que os eleitores democratas tinham mais interesse nos planos de saúde e educação que na Guerra do Iraque. O "Fora do ônibus" usou um exército de jornalistas cidadãos, distribuídos para construírem bancos de dados abrangentes sobre a influência das doações, a evolução da política partidária, táticas e escritórios de campanha. O *Huffington Post*, por intermédio do "Fora do ônibus", foi o primeiro a relatar como os ativistas cristãos foram pagos para escrever artigos de opinião em favor de candidatos republicanos; e desenterrou uma pandemia de ansiedade pré-eleitoral entre as mulheres negras; além de expor o triste estado das operações de campo de John McCain, antevendo em meses sua retumbante derrota.

O sucesso inovador de Amanda teve muita relação com o fato de ser um peixe fora d'água no *Huffington Post*, trabalhando naquela fenda cultural entre o jornalismo e a política. As salas de imprensa do *HuffPo* em Nova York e Washington, D.C., operam separadas dos blogueiros não remunerados da publicação, criando histórias por meio do quadro individual de funcionários, sem relação com pessoas de fora. O "Fora do ônibus", em contrapartida, usava um número pequeno de editores pagos para orquestrar os esforços de milhares de jornalistas cidadãos amadores. Amanda queria se distanciar o máximo possível do modelo tradicional de sala de imprensa. Uma longa sequência de esforços prévios para deslanchar o jornalismo cidadão havia fracassado porque encorajava voluntários a se tornar funcionários não remunerados, trabalhando em tempo integral, tentando fazer deles o que Amanda chamou de "o jornalista cidadão ideal", que pode trabalhar o dia inteiro, fazer entrevistas com a qualidade de um profissional e apresentar as matérias escritas com grande clareza antes do prazo; e tudo isso sem qualquer remuneração.

Amanda acreditava ser mais inteligente adaptar o jornalismo às vidas dos voluntários do que o contrário. Era assim que funcionava na política, em que a coordenação dos voluntários era a norma em vez da exceção. A visão de Amanda consistia em separar a produção dos artigos de notícias em fases distintas, que poderiam acomodar pequenas contribuições de um grande número de pessoas. "Você precisa encontrar um jeito de canalizar a energia das pessoas de modo que possam de fato produzir algo", resumiu Amanda. "Você não precisa ser escritor ou escrever uma história completa." A abordagem flexível não só poderia acomodar as preferências das pessoas sobre redação *versus* reportagem, como também se adaptar melhor às agendas ocupadas.

Quando Amanda chegou à sede editorial de Nova York do *Huffington Post*, no verão de 2007, a publicação estava numa fase de total expansão, crescendo de maneira rápida e desordenada. "Ninguém sabia quem eu era", lembra Amanda. "Eles me mandaram falar com o Chief Financial Officer (CFO), e lembro-me do seu olhar, que dizia: 'Ninguém me avisou que você precisaria de uma mesa'."

Amanda fora contratada pelos editores do "Fora do ônibus", a fundadora do *HuffPo*, Arianna Huffington, e Jay Rosen, professor de jornalismo da NYU que fizera experiências durante décadas sobre formas de engajar cidadãos comuns no processo de reunir notícias. Depois de participarem de um painel na conferência do Personal Democracy Forum, Rosen e Huffington resolveram construir "o proeminente site da eleição de 2008", como Rosen posteriormente se lembrou. Amanda parecia ser a líder ideal, já havia trabalhado muito organizando jovens on-line para o político de Vermont, Howard Dean, durante a eleição presidencial de 2004. Desempenhou um papel central no desenvolvimento da plataforma tecnológica, denominada Generation Dean, essencial para que Dean se transformasse logo no início em um dos principais candidatos. Mais tarde, ela trabalhou para o candidato democrata John Kerry.

"Arianna teve uma conversa com Jay, e rapidamente tomaram uma decisão, para nossa sorte", recorda-se Amanda. "Eles fizeram algo que, acredito, poucas publicações teriam feito. Porém, tudo aconteceu tão rápido que somente poucas pessoas lá dentro conheciam as implicações."

A ideia por trás do "Fora do ônibus" era mudar o tipo de cobertura das eleições presidenciais, concentrando-se nas preocupações das pessoas comuns. A NYU forneceria os recursos. O *Huffington* forneceria os leitores e mais dinheiro, e Rosen, sua expertise em jornalismo cidadão, como um dos fundadores da experiência em jornalismo cidadão chamada NewAssignment.net, junto com Amanda, com o empreendedor da Internet Craig Newmark e com a MacArthur Foundation. Rosen também tentara, durante anos, vender jornais em uma versão anterior de geração de conteúdo interativo, chamada "jornalismo cívico".

"O *Los Angeles Times* tem editor de política, correspondentes e pesquisadores", relatou Rosen. "Eles possuem uma equipe que irá cobrir a eleição. Porém, *você* não pode se juntar a essa equipe, certo? Podemos ler o que escrevem. Mas não há espaço para participarmos. Você pode tentar enviar um e-mail sugerindo: 'Por que vocês não cobrem isso?', porém a organização não foi projetada para interação.

"Aquela era a ideia do 'Fora do ônibus': cobertura política, por uma equipe da qual qualquer pessoa poderia fazer parte. Quando falamos 'qualquer pessoa', realmente queremos dizer 'qualquer pessoa'. É por isso que Arianna é o máximo. Porque ela não se importa se não parece com o jornalismo tradicional."

O espírito transformador do projeto se refletiu no estranho nome "Fora do ônibus". O projeto era, ao mesmo tempo, o reconhecimento e uma crítica à cultura fechada dos jornalistas políticos descrita no livro *The Boys on the Bus*, um relato dos bastidores da cobertura política feita pelos jornalistas durante a eleição de 1972. Diferentemente dos repórteres do ônibus, que viajavam pelo país com as comitivas das campanhas, os correspondentes do "Fora do ônibus" permaneciam em suas próprias cidades, nas quais nenhum jornalista político de fora conheceria as fofocas políticas locais melhor que eles. "Queríamos que fizessem o que os jornalistas não tinham condições de fazer e aproveitar as oportunidades que eles não tinham", Amanda disse.

Essa ênfase em novas vozes tornou o recrutamento do "Fora do ônibus" a atividade mais crucial. O projeto começou com grande vantagem: o próprio *Huffington Post*. Ao convocar voluntários na primeira página do *HuffPo* e pela *newsletters* do site, Rosen e Huffington fizeram brotar um enorme contingente de candidatos para Amanda. "Da noite para o dia – literalmente – tínhamos um grupo de mil pessoas", Rosen me disse.

Uma grande quantidade de manchetes não é, por si só, garantia de sucesso. O "Fora do ônibus" não teria sido possível se Amanda e sua equipe não tivessem criado uma experiência incrível para os colaboradores. Uma lição central do "Fora do ônibus" é que um projeto dos 20% pode ser um sucesso ou um fracasso, dependendo da experiência que propicia aos participantes.

Pedir ajuda às pessoas em uma experiência, seja ela qual for, é de fato uma convocação para que participem de uma jornada. Na política, esse pedido é conhecido como "O Pedido", e Amanda era mestra em persuadir as pessoas e extrair o máximo delas depois que concordavam em participar.

Amanda havia aprendido na política a nunca contar com um voluntário. "As campanhas estão constantemente tentando motivar e inspirar as pessoas; elas precisam compreender que estão ligadas a uma causa maior... Frequentemente, pedimos às pessoas que façam coisas nem um pouco divertidas." O mesmo ocorria no "Fora do ônibus".

O recrutamento de um voluntário-padrão feito por Amanda começava com uma solicitação que poderia ser publicada no *Huffington Post* ou divulgada por e-mail. O formato era sempre o mesmo. "Nossa técnica seguia o modelo que aprendi nas empresas de Dean e Kerry", Amanda reconheceu. "É muito simples: primeiro temos de deixar clara nossa intenção. Depois, fazer a pessoa assinar um formulário. Em seguida, nos dispúnhamos a responder a perguntas secundárias: O que poderia impedi-los de executar tal tarefa? Quanto tempo será necessário para executá-la? Por que você precisa da ajuda deles? Por que outros não poderiam fazê-lo? Como isso fará diferença? Então, você oferece o formulário para eles assinarem novamente no fim. Aprendi esse processo e passei a venerá-lo."

"Dávamos às pessoas a sensação de que elas faziam parte de um time e lhes oferecíamos um propósito. Creio que eram dois aspectos realmente importantes para elas, mas também muito importantes para nós... Porque às vezes você surge com uma ideia, um primeiro rascunho. Você escreve [O Pedido] e se questiona: 'Não, não vai valer a pena tomar o tempo das pessoas por isso. Esse texto não responde de fato a uma única pergunta.'"

Às vezes, Amanda e sua equipe abordavam as pessoas individualmente, recrutando comentaristas especialmente ativos em blogs políticos, como o Daily Kos, ou escritores individuais, como o blogueiro do Blue Hampshire, Mike Caulfield, ou até colunistas de jornais, como Linda Hansen, que escrevia uma coluna para um pequeno jornal da Carolina do Sul. Amanda descobriu outros colaboradores porque os editores do *Huffington Post* regularmente transferiam para ela as ligações dos leitores, que sabiam que ela se dispunha a conversar com o público. Às vezes, o recrutamento pode ser tão simples quanto atender a uma ligação. Na era do e-mail, Twitter e excesso de informação, as ligações estão se tornando raras.

O segundo passo de Amanda, uma vez que estivesse no comando da situação, era cortejar as pessoas. Telefonava pessoalmente a cada um dos futuros colaboradores para responder a todas as perguntas a respeito do projeto e saber que tipo de trabalho preferiam, além de avaliar sua disposição para investir seu tempo.

Depois, Amanda tentava fechar o acordo. Ela fazia qualquer esforço para designar aos novos colaboradores tarefas iniciais agradáveis, que pode ser um discurso de um candidato importante ou a cobertura de algum evento destinado a levantar recursos para campanha. Alguns voluntários se encantavam com a chance de escrever suas opiniões em artigos, que Amanda chamava de "válvula de escape". Ela desenvolveu a política da "primeira tarefa agradável" durante o primeiro esforço de reportagem do "Fora do ônibus", chamado "De olho na grana", em julho de 2007, quando enviou pesquisadores para analisarem os relatórios financeiros das campanhas dos principais candidatos à presidência, procurando por movimentos interessantes. Ela esperava ficar à frente da mídia tradicional, utilizando o exército de voluntários do "Fora do ônibus"; a tarefa de examinar centenas de páginas de dados financeiros, todos disponíveis em um site federal, era adequada para quem dispusesse de um número grande de pessoas dispostas a doar um pouco de tempo para executá-la. Porém, a maioria dos voluntários liberais perdeu tempo discutindo quem deveria cobrir os gastos de Obama e Clinton.

"Ninguém queria estar na equipe de Ron Paul", confidenciou-me Amanda. "Eles diziam: 'Não vou fazer isso, a menos que eu seja transferido para a equipe de Obama', uma das grandes ironias a respeito do 'Fora do ônibus': em princípio, as pessoas estavam preocupadas com o golpe para Partido Republicano, parcialmente porque estávamos ligados ao jornal esquerdista, *Huffington Post*. O que aconteceu foi que a maioria dos grandes furos de reportagem que publicamos dizia respeito à esquerda, porque as pessoas gravitavam em torno dela. Elas tendiam a ser de esquerda e, portanto, escrutinavam o grupo."

"De olho na grana" foi uma exceção. Os participantes descobriram que a campanha do Republicano Mitt Romney tinha um número extraordinariamente alto de colaboradores remunerados, em proporção ao orçamento; descobriu-se que a campanha do candidato mórmon estava pagando ativistas cristãos e outros conservadores sociais para que fossem "cabos eleitorais", arranjo semelhante ao "dinheiro circulante", que as máquinas políticas costumavam distribuir. Um voluntário do "Fora do ônibus" escreveu, com a ajuda de um ex-repórter do *Washington Post* chamado Thomas Edsall, sobre os pagamentos abordando uma controvérsia que acabou acompanhada por outros jornais. "EXÉRCITO DE CIDADÃOS COMUNS EXAMINAM OS ARQUIVOS E A BIOGRAFIA DOS CANDIDATOS" foi a manchete do *Christian Science Monitor*.

Amanda descobriu que as pessoas cuja primeira experiência fora agradável, independentemente de qual tenha sido, tinham maior probabilidade de permanecer no projeto e aceitar depois um trabalho menos glamoroso. Em outras palavras, a conquista da senioridade significava o direito de executar as tarefas e não o de transferi-las para outros. "Joe Trippi sempre nos dizia", Amanda disse, recordando o tempo em que trabalhou para Dean, "que as campanhas não são apenas sobre o que as pessoas fazem, e sim sobre o que elas vivenciam. É preciso refletir muito sobre isso e sobre como criar uma experiência compartilhada".

Depois de conceder com sucesso uma primeira experiência agradável ao voluntário, o passo seguinte era encontrar um trabalho regular para aquela pessoa, que se adequasse aos seus interesses e conhecimentos. Depois, Amanda cingiria o núcleo social dos voluntários ainda mais, colocando-os nas equipes de elite do "Fora do ônibus", como o chamado "Esquadrão de Operações Especiais".

Amanda esperava que o nome Esquadrão de Operações Especiais, inspirado por seu pai, um boina-verde,* despertasse o senso de camaradagem entre os participantes. Com efeito, alguns colaboradores ficaram tão orgulhosos de serem escolhidos que adicionaram a sigla "SPECIAL EOE" às assinaturas de e-mail.

O Esquadrão de Operações Especiais começou a criar perfis completos de cada escritório de campanha, com fotos, nomes dos assessores de imprensa e número de voluntários de cada escritório. Esses perfis eram regularmente atualizados. "Foi, em minha opinião, um projeto de jornalismo cidadão perfeito", o editor de página do "Fora do ônibus", John Tomasic, me disse. "Tratava-se de uma tarefa realmente específica. Era algo que nenhum jornal podia de fato fazer, porque tínhamos pessoas em todos os bairros, em todas as cidades do país, praticamente: dois mil colaboradores dispostos a visitar os escritórios locais das campanhas de McCain e Obama."

"E as fotos, aquelas fotos digitais que recuperamos, elas contavam a história. Como aconteceu em junho ou julho de 2008 [quatro meses antes de Obama derrotar McCain]. O QG de McCain: uma senhora de cabelos grisalhos, um telefone que não tocava, e era como se alguém tivesse pregado um cartaz na porta que dizia 'SAÍMOS PARA PESCAR'. Ao mesmo tempo, tínhamos os escritórios de campanha de Obama, que transbordavam de jovens com celulares. E sentimos... ele iria ganhar! O esquema tradicional de jornalismo não consegue chegar nem perto disso. Perto da evidência visual. Os repórteres não

---

* *Nota da Editora*: Membro da unidade do Exército americano, especializada em guerrilhas.

tinham de fazer nada mais, não precisavam depender de nenhum conhecimento jornalístico especializado. Apenas captavam a imagem do momento. E assim conseguiram nos contar essa genial história."

Dan Treul, jornalista de uma universidade de Michigan recrutado por Amanda depois de ver sua cobertura política da campanha no PBS Online, foi designado para outro grupo de elite, chamado "Correspondentes Nacionais", que trabalhou em diversos projetos de reportagens pelo país. "Entrevistamos centenas de pastores em todo o país, visitamos as igrejas e estudamos suas opiniões ao irem às primárias", ele disse. Os pastores "tinham uma opinião muito mais diversificada do que era retratada pela mídia nacional".

O processo de recrutamento de Amanda é um projeto excelente para persuadir pessoas a se engajarem em um projeto no estilo dos 20% de tempo. Em termos abstratos, Amanda teve atitudes simples, porém altamente eficazes para atrair as pessoas para o "Fora do ônibus":

- **Ampliar o campo de busca.** Amanda não se limitou a buscar pessoas com experiência em jornalismo ou política. Qualquer leitor do *Huffington Post* era um colaborador potencial. Frequentemente, os e-mails de Amanda convocavam "pessoas que gostavam de política" ou pessoas "aventureiras, curiosas e entusiasmadas".

- **Fazer solicitações específicas.** Amanda nunca ficou atirando em todas as direções, mesmo quando pedia ajuda a uma plateia de milhares de pessoas. Ela dizia exatamente por que precisava de ajuda, por exemplo: "Ao longo das próximas duas semanas, a campanha [de Obama] fará centenas de pequenos comícios nos quais o público será convidado a ajudar a estabelecer a plataforma dos nomeados." E dizia exatamente o que os voluntários tinham de fazer, como: "Você poderia assistir o discurso de McCain em um local público – seja um bar, biblioteca, alojamento de faculdade ou dentro do próprio Partido de McCain – e reportar a reação da plateia?"

- **Dar a eles uma experiência agradável.** Amanda tentava se certificar de que todos os voluntários tivessem uma primeira experiência agradável, mesmo que significasse abrir mão de voluntários mais experientes para cobrirem determinadas tarefas. Esse procedimento era, em parte, uma demonstração de respeito, uma forma de mostrar claramente a um desconhecido que o tempo que estava dedicando ao projeto era reconhecido.

- **Ficar sempre por perto.** Mesmo com milhares de voluntários, Amanda encontrava maneiras de falar com as pessoas individualmente ao telefone. Em parte, ela fazia isso para ter uma ideia melhor sobre onde os candidatos poderiam ser mais bem aproveitados no projeto, mas também para fornecer uma presença humana por trás de um projeto, em larga medida, computadorizado; por outro lado, essa postura a ajudava a distribuir tarefas de acordo com as capacitações dos voluntários.

- **Tratar melhor a elite.** Em geral, a recompensa por ser um grande voluntário é receber mais trabalho, o que nem sempre é motivador. Porém, Amanda conseguia dourar a pílula quando dava mais trabalho para as pessoas, ao criar equipes com status de elite, como o Operações Especiais e o Correspondentes Nacionais. Assim, o trabalho extra tornava-se mais atrativo aos olhos das equipes.

A experiência de recrutamento de Amanda, adquirida nas campanhas políticas, foi muito bem utilizada no "Fora do ônibus". Porém, depois de dois meses, ela disse: "Logo, ficou muito claro que precisávamos de alguém para fazer as chamadas editoriais mais difíceis e pensar mais profundamente sobre os nossos objetivos e padrões editoriais." Amanda, Arianna Huffington e Rosen recrutaram o professor da Southern California University, experiente jornalista e antigo redator da revista *Nation*, Marc Cooper, para exercer a função de diretor editorial, com base em Los Angeles, onde a própria Arianna vivia. Cooper seria o líder e a consciência jornalísticos do "Fora do ônibus". Era um colaborador ansioso. "Não havia o menor senso de urgência da parte do pessoal da revista [*Nation*]", Cooper me disse. "Era uma eleição empolgante, e eu queria cobri-la de forma igualmente empolgante."

Cooper foi rapidamente integrado ao processo de recrutamento do "Fora do ônibus". Depois que Amanda selecionava um colaborador, o convencia e o fazia assinar um termo de compromisso, Cooper o entrevistava para conversar a respeito de suas habilidades de redação, de forma a obter uma ideia de como poderiam ajudar nas reportagens. Ele também começou a recrutar jornalistas experientes.

Logo depois que Cooper entrou para o time, perto do lançamento do "De olho na grana", ele e Amanda lançaram a cobertura das prévias presidenciais de Iowa. O "Fora do ônibus" enviou uma grande equipe de repórteres voluntários para Iowa para uma cobertura abrangente. "Mobilizamos a maior equipe de reportagem do país", disse Cooper. "Tínhamos uma equipe organizada de mais de vinte pessoas, e conseguíamos coordená-la com semanas de antecedência."

Fisgar colaboradores para o "Fora do ônibus" com "O Pedido", dar a elas primeiras tarefas agradáveis e tudo o mais era uma coisa. Conseguir mantê-las por perto era outra completamente diferente. As equipes de elite das Operações Especiais e dos Correspondentes Nacionais foram valiosas nesse sentido. Porém, outro componente-chave no sucesso do "Fora do ônibus" foi o contato permanente com voluntários tão logo começavam a escrever ou a fazer reportagens para o site. Amanda e Cooper faziam videoconferências semanais em que respondiam a perguntas e elogiavam as histórias benfeitas ou que tinham gerado interesse nos leitores. Os escritores podiam contar como compuseram suas histórias. Amanda e Cooper também enviavam e-mails semanais sobre o progresso do "Fora do ônibus", resumindo histórias importantes, delineando os projetos seguintes e anunciando quem fora designado para qual tarefa.

Como uma simples forma de distribuição de tarefas, os e-mails e as videoconferências apresentavam resultados discutíveis, segundo Amanda. Às vezes, as pessoas saíam para executar tarefas para as quais não haviam sido designadas nos e-mails, ou então ignoravam pontos essenciais discutidos nas videoconferências. Porém, a comunicação era essencial para manter o moral elevado. Ela lembrava as pessoas de que faziam parte de algo maior que eles mesmos e ajudava os voluntários a moldar seu comportamento. Amanda aprendera, durante a campanha de Kerry, ser mais provável que os voluntários fizessem comentários pessoais aos jornais locais depois de ler um relato de outra pessoa em primeira mão que quando apenas liam orientações e um editorial modelo escolhido como exemplo. "Valorizei o esforço deles para realmente trabalhar com um núcleo de escritores que os ajudaria ao longo de toda a eleição", Treul me disse.

Segundo Amanda, não fosse a parada em sua rotina para se comunicar com os voluntários, o "Fora do ônibus" poderia ter acabado, como o jornal britânico *Guardian*, que conseguiu recrutar milhares de voluntários on-line para filtrarem mais de 200 mil páginas de documentos e que, no processo, desenterrou reembolsos inexplicáveis, como US$1.500 em refeições, uma caneta de US$330 e US$5.600 que o primeiro-ministro teria gasto na compra de uma televisão. Mas, depois disso, o *Guardian* foi desertado pela maioria dos colaboradores, à medida que o escândalo foi diminuindo na imprensa; um ano depois, ele ainda tentava encontrar voluntários que se dispusessem a examinar mais 200 mil páginas dos relatórios de despesas restantes.

À medida que a campanha avançava, Amanda, Cooper e Rosen avaliavam a situação. Seu projeto ambicioso de jornalismo cidadão estava claramente nos trilhos. Mas os líderes do "Fora do ônibus" se preocupavam com a possibilidade de estarem desperdiçando milhares de voluntários potenciais registrados nos bancos de dados. Muitas dessas pessoas, até mesmo as que tinham falado diretamente com Amanda e Cooper, ainda estavam inativas. De que maneira o "Fora do ônibus" poderia fazer um uso mais efetivo desses recursos humanos? A resposta, o tempo se encarregou de demonstrar, foi usá-los menos.

Assim como o "Fora do ônibus" atraía os membros mais ativos por meio das equipes de elite, também criava projetos que diminuíam as expectativas para o envolvimento. Depois de Iowa e do projeto "De olho na grana", Amanda e Cooper procuraram projetos com os quais os jornalistas cidadãos se envolvessem mais facilmente.

Um deles se chamava "Olhos e Ouvidos". A ideia era os colaboradores enviarem histórias pessoais, de 50 a 100 palavras, sobre a eleição, que parecessem com os artigos do Talk of the Town (O Assunto da Cidade), do jornal *New Yorker*. Talvez, ao expandirem os tópicos do "Fora do ônibus", Amanda e Cooper pudessem atrair mais voluntários. E funcionou: choveu histórias. Os colaboradores enviaram vinhetas de levantadores de fundos, relatos de disputas e outras cenas do rastro da campanha.

Os furos de reportagem do "Olhos e Ouvidos" revelaram como a campanha de Obama vinha levantando dinheiro, rompendo com a tradição, mediante a venda de merchandising básico, como cartazes e adesivos de para-choques com preços significativamente superfaturados. Essa história surgiu porque muitos participantes da campanha de Obama fizeram postagens para o "Olhos e Ouvidos", reclamando que os cartazes de Obama haviam sido roubados, e Amanda então deduziu que estavam tão irritados porque tinham *pago* pelos cartazes.

Outra grande reportagem do "Olhos e Ouvidos" surgiu mais tarde, durante a eleição. Uma professora assistente da University of Virginia descobriu uma pandemia de ansiedade entre as mulheres afro-americanas pró-Obama, depois que seu médico dobrou a própria dose de medicamentos para controlar a pressão arterial e disse que havia feito o mesmo com outras seguidoras negras de Obama. Esse foi um dos furos mais lidos do *Huffington Post*.

Uma característica do "Fora do Ônibus" projetada para ser de fácil execução pelos colaboradores foi o "Road Kill" – Tacada na Estrada –, que reunia trechos de notícias divertidas obtidas no rastro da campanha. Os voluntários do "Fora do ônibus" submetiam histórias curtas, itens escritos no estilo de colunas de um wiki, e as melhores histórias viravam coluna. O "Road Kill" geralmente se concentrava em aspectos divertidos de situações simples: postagens em blogs dos membros da família de Mitt Romney, gafes durante as conferências de imprensa, mancadas durante a campanha, esse tipo de coisa.

Talvez o exemplo mais bem-sucedido da redução dos níveis de exigência do "Fora do ônibus" foi de iniciativa dos Correspondentes Populares, que pediam aos trabalhadores das campanhas para escreverem sobre seus esforços dos bastidores. Voltarei a esse tema adiante.

Uma conclusão a ser tirada do esforço do "Fora do ônibus" para diminuir o nível de dificuldade é que ele serve para manter projetos no estilo dos 20% em unidades pequenas, em um ambiente amistoso para os colaboradores, e que existem boas chances de você descobrir que o tamanho ideal dessas equipes é menor ainda do que pensa. Amanda lançou o "Fora do ônibus" determinada a pulverizar a coleta de notícias e, apesar disso, precisou de meses para se dar conta de que precisava tornar os trabalhos tão pequenos quanto os dos projetos "Olhos e Ouvidos", "Tacada na Estrada" e os "Correspondentes Populares".

O "Fora do ônibus" lucrou com a redução do comprometimento de tempo exigido dos voluntários. Mas houve uma lição de recrutamento muito mais surpreendente: você consegue atrair e reter as pessoas com mais eficácia se lhes der uma tarefa desafiadora, em vez de uma fácil, e ficar de olho nelas, em vez de deixá-las trabalhar por conta própria.

A despeito de todo o esforço em acomodar os voluntários, o "Fora do ônibus" mantinha padrões muito elevados. Quando os colaboradores erravam, Amanda fazia questão de chamar sua atenção. Se alguém deixasse de enviar o diário semanal de campanha, como prometido, ou não entregasse uma pesquisa sobre o levantamento de dinheiro para as campanhas que havia prometido, Amanda telefonava ou enviava um e-mail para deixar clara sua decepção. Ela costumava ressaltar que aquela pessoa havia se comprometido a fazer determinado trabalho e que agora teria de encontrar outra pessoa para completar a tarefa.

"Estávamos um pouco preocupados com a possibilidade de que esse procedimento fosse um fiasco", Amanda disse. "Porém, o que descobrimos com nossos voluntários é que esse comportamento gerou efeitos positivos. Eles diziam: 'Ah, o fato de poderem rejeitar minhas matérias conferia mais valor quando eram publicadas.'"

Amanda sabia por experiência própria com as campanhas políticas que padrões elevados eram especialmente importantes para os voluntários, em comparação com os funcionários regulares. Sem contracheques para receber, os voluntários sentiam necessidade de saberem que seu trabalho era "real". Amanda fora influenciada em relação a isso pelo gerente da campanha de Kerry, Joe Trippi, que sempre insistia que o seu pessoal fizesse o combinado, independentemente de ser no levantamento de recursos, recrutamento voluntário, tamanho do evento ou registro dos eleitores. "Eles sabiam com quais escritores podiam contar", uma das colaboradoras do "Fora do ônibus", Dawn Teo, me disse. E "eles se certificavam de que enquanto os escritores continuavam a trabalhar, adquiriam credibilidade perante a equipe... Achei importante, porque, caso contrário, na realidade, torna-se um blog".

A prestação de contas do "Fora do ônibus" funcionava nos dois lados; a administração regularmente admitia os próprios erros. Quando montanhas de pesquisas feitas pelos voluntários sobre algum projeto específico não conseguiam gerar uma história, Amanda e Cooper se preocupavam com a desmotivação geral. Porém, quando abordaram esse tema detalhadamente e de maneira até inconveniente em uma videoconferência, o efeito foi exatamente o oposto. Cooper explicou à equipe que os jornalistas profissionais regularmente investem tempo escrevendo matérias que acabam não sendo impressas, o que fez os voluntários se sentirem verdadeiros repórteres.

Amanda e Cooper também transmitiam os altos padrões de maneira sutil. A logomarca original do "Fora do ônibus" retratava um velho ônibus maltratado e usado; Cooper fez insistente campanha para transformá-la em algo mais atrativo. Amanda achava que Cooper estava desperdiçando energia; porém, quando a nova logomarca ficou pronta, com um veículo moderno e brilhante, os voluntários falaram por muito tempo sobre quão felizes ficaram com a mudança.

Os elevados padrões do "Fora do ônibus" para os voluntários remetiam aos elevados padrões que Arianna Huffington e Rosen tinham determinado desde a concepção do projeto – tornar o "Fora do ônibus" a operação de jornalismo cidadão mais importante da eleição de 2008. "Foi uma abordagem muito agressiva desde o início", reconheceu Amanda.

As grandes expectativas aguçaram a competitividade de Amanda e Cooper. Eles queriam que as histórias do "Fora do ônibus" aparecessem todos os dias na primeira página do *Huffington Post*, espaço jornalístico disputado a tapas, e ter matérias publicadas constantemente em outras seções do jornal. Amanda, que trabalhava na sala de imprensa de Nova York do *HuffPo*, passava todas as manhãs conversando com os outros editores, conseguindo inserir as histórias do "Fora do ônibus" em seções sobre política, entretenimento, cotidiano e sustentabilidade. "Amanda demonstrou persistência e implacabilidade", comentou Betsy Morgan, na época CEO do jornal, a respeito do lobby feito por Amanda em prol das histórias do "Fora do ônibus". "Ela era uma boa selecionadora de histórias... estava bem antenada ao tipo de histórias pelas quais o *Huffington Post* se interessava, às histórias que estávamos cobrindo... Se Amanda estivesse fornecendo a Arianna e à equipe editorial – Katherine Zaleski, editora da primeira página – material medíocre, todo seu esforço teria se tornado apenas irritante. Mas ela não estava fazendo isso. Vinha fornecendo joias preciosas, que combinavam perfeitamente com a cobertura geral do jornal."

A rede de contatos de Amanda na sala de imprensa surtiu efeito; Teo me disse orgulhosamente que ela acumulou mais de cem histórias publicadas na primeira página. O "Fora do ônibus" terminou como a terceira seção mais visitada do *Huffington Post*, com 5,4 milhões de visitantes mensais únicos, atrás apenas das seções de política e entretenimento.

O sucesso das altas expectativas do "Fora do ônibus" ilustra um paradoxo que os líderes dos projetos dos 20% de tempo precisam compreender: o recrutamento é uma sedução que, na melhor das hipóteses, significa providenciar experiências divertidas aos participantes, mas obter deles excelente desempenho requer exigência e rigor na avaliação dos resultados. A abordagem de Amanda se traduzia em ser flexível ao tentar descobrir como os voluntários podiam ser úteis, mas, uma vez que os papéis fossem determinados e os limites de ação estabelecidos, ela exigia dos voluntários desempenho equivalente ao dos funcionários remunerados.

Embora o "Fora do ônibus" mantivesse padrões elevados, também se esforçava em transmitir um ar mais descontraído, mais caótico, menos uniforme e, portanto, mais autêntico do que o da mídia tradicional que tentava criticar. E funcionou. Ao ser notoriamente diferente, o "Fora do ônibus" atraiu tanta atenção para a sua cobertura das eleições quanto o restante do *Huffington Post*, com uma fração do custo.

O "Fora do ônibus" ansiava em ser diferente desde o início. De imediato, muitos voluntários submeteram matérias que pareciam reportagens tradicionais. Arianna Huffington entrou em cena e sinalizou que era inaceitável; ela pegou como exemplo, para criticar, uma história sobre as prévias de Iowa, escrita por Beverly Davis, jornalista tarimbada que cobrira duas eleições presidenciais e fazia reportagens regularmente para o jornal semanal austríaco *profil* e outras publicações europeias.

"Arianna não estava contente com o trabalho dessa jornalista porque era escrito de forma tradicional, muito convencional", Cooper me disse. "A implicação era a de que um projeto de jornalismo cidadão tinha de dar alguma perspectiva diferenciada aos leitores. E considero uma conclusão acertada."

Amanda disse aos voluntários, repetidamente, que não queria que imitassem a mídia convencional. Enquanto os repórteres políticos da velha guarda eram treinados para manter a voz fria, objetiva e distante dos fatos, os colaboradores do "Fora do ônibus" eram instruídos a serem subjetivos, exporem seus sentimentos e, mesmo no caso dos Correspondentes Populares, se envolverem diretamente nas campanhas. "Estávamos sempre tentando quebrar paradigmas", relatou Amanda. Ela mostrava aos voluntários como fazê-lo, ilustrando e promovendo artigos que exemplificavam a nova abordagem na qual estava interessada.

Amanda tinha sido escolhida para administrar o "Fora do ônibus" precisamente porque não se voltava instintivamente para as rotinas do jornalismo tradicional. É por isso que Cooper se reportava a Amanda, e não o contrário. "Eu havia tentado pagar algumas pessoas com histórico no jornalismo tradicional para trabalhar no NewAssignment.net", Rosen havia me dito, "e essa abordagem não funcionou. Era muito mais fácil conseguir prévia experiência com internet e ensinar as técnicas editoriais do que o contrário... O jornalismo profissional não foi feito para estimular a participação, foi otimizado para fazer exatamente o oposto, mantendo as pessoas a distância... O jornalismo tradicional encara a participação como sinônimo de interferência".

Há uma lição para outros projetos no estilo dos 20% no fato de que foi preciso uma organizadora política para mudar o jornalismo: às vezes, a experiência pode ser uma fraqueza, especialmente se prendê-lo a antigas formas de pensar. Quebrar paradigmas ao colocar Amanda no comando levou a todos os outros exemplos de ruptura de tradição do "Fora do ônibus": a voz pessoal, os repórteres partidários (falaremos mais sobre isso adiante), as histórias dos bastidores, as histórias relatadas por um exército, em vez de por um indivíduo. Ser diferente também conferiu ao "Fora do ônibus" um destaque inestimável. O projeto manteve alto perfil na mídia, com seguimento dedicado a ele no *New York Times* e parcerias com *Talking Points Memo* e *Politico*.

O "Fora do ônibus" não apenas quebrou o paradigma, mas anunciava que o faria. Essa é uma grande técnica para qualquer projeto revolucionário. A psicologia autorrealizável de parecer diferente explica por que Joan Sullivan teimosamente insistia que os alunos usassem uniformes, e é por isso que aquela equipe de *skunkworks* – os pequenos grupos experimentais montados nas companhias, mas que operam com certo grau de independência – que criou o computador Macintosh original hasteava uma bandeira de pirata no escritório para diferenciá-los do restante da Apple.

A bandeira de pirata do "Fora do ônibus" era a própria Amanda. Ao se colocar uma organizadora política no comando de um empreendimento jornalístico, não apenas se quebrou um paradigma, como também possibilitou a Amanda usar seus conhecimentos ao máximo. Ela desempenhou um papel-chave no desenvolvimento da plataforma on-line em 2004, intitulada Generation Dean, essencial para tornar o governador de Vermont, Howard Dean, um dos primeiros candidatos democratas importantes. Alguns antigos colegas tinham a opinião de que essa plataforma fez até mais que isso; o projeto foi chamado de "o esforço de campanha mais bem-sucedido para organizar os jovens desde a campanha de McGovern", em um livro escrito pelo professor de Sociologia Thomas Streeter, da University of Vermont, em parceria com Zephyr Teachout, um professor de Direito da Duke que trabalhava como diretor da campanha de Dean.

Amanda havia se juntado ao esforço de Dean enquanto trabalhava em um restaurante de comida mexicana de Vermont. Ela esperava ter de despachar envelopes, porém terminou fazendo pesquisas sobre as campanhas on-line da eleição presidencial de 2000, e logo foi encarregada de recrutar jovens pela internet. Foi um treinamento rápido para uma novata na área de publicação on-line; antes que se desse conta, Amanda estava customizando o pacote de publicação de código-fonte aberto Drupal, enviando e-mails em massa e fazendo malabarismos em sites e blogs, disponibilizando calendários on-line e organizando diversos bancos de dados políticos. Sob a direção de Amanda, a plataforma Generation Dean cultivou os organizadores estudantis e montou um site em que as pessoas podiam começar um capítulo local, circular petições, distribuir e-postcards e receber doações pela internet.

Essa plataforma conseguiu reunir grupos de nichos especiais, como os "Punks por Dean" e os "Jovens Profissionais por Dean". A plataforma Generation Dean inclusive lançou um tour por seis estados, que atraiu a cobertura jornalística do *Daily Show* e de inúmeros jornais diários. Embora ela tivesse começado com apenas um computador doado, cujo monitor costumava travar, e só dispusesse de acesso esporádico a um programador voluntário solitário, Amanda desempenhou um papel central na criação do mecanismo de recrutamento, organização e levantamento de fundos para a campanha.

O trabalho do "Fora do ônibus" acabou sendo notavelmente semelhante. "Trata-se de recrutar pessoas para a campanha", Rosen me disse, "porém em vez de tentar fazer seu candidato ganhar a eleição, você deve tentar ganhar a cobertura dos eventos, com jornalistas de fora da mídia".

Um dos melhores projetos do "Fora do ônibus" conseguiu mesclar os mundos da política e do jornalismo em um grau controverso. Amanda elaborou a iniciativa dos Correspondentes Populares como forma de gerar artigos com um tom mais pessoal. O projeto pedia aos ativistas da campanha que fornecessem artigos semanais que refletissem, em poucas palavras, algo que tivesse ocorrido ao longo da semana. As duas únicas exigências eram que os artigos tinham de ser honestos e escritos de maneira informal. Mediante a combinação de relatos de diversos correspondentes, o projeto foi o primeiro a reportar que a campanha de Obama estava instruindo os cabos eleitorais de sexo feminino a tentar se esquivar dos maridos que apoiavam McCain, nas residências que visitavam, falarem diretamente com as esposas – esgueirando-se pela porta dos fundos, por exemplo, ou aparecendo na porta da frente por diversas vezes até que conseguissem conversar com a dona da casa. Foi esse o tipo de reportagem em primeira mão, de dentro da engrenagem política, que os leitores não conseguiriam encontrar em qualquer outro lugar.

A maior estrela entre os Correspondentes Populares foi Mayhill Fowler, democrata e romancista de 60 anos de Oakland, Califórnia, que vestiu a camisa do "Fora do ônibus", acompanhando os ônibus das campanhas oficiais de Hillary Clinton e Barack Obama em carros alugados e com um gravador de voz de US$15 que comprara na Amazon.com (ele agora se encontra no *Newseum* de Washington, D.C.). O trabalho de Fowler foi parar na primeira página do *New York Times* depois que conseguiu fazer o ex-presidente Bill Clinton confidenciar a ela, durante a campanha, comentários sobre um escritor da revista *Vanity Fair* que questionara seu julgamento e o de seus associados; Clinton chamou o escritor de "desprezível, repugnante e desonesto", estimulando uma controvérsia nacional sobre seu estado emocional enquanto sua esposa, Hillary, perdia terreno para Barack Obama. Mayhill enviou muitas reportagens sobre outros achados substanciais, incluindo um aviso inicial de que os planos de saúde estavam tomando o lugar do Iraque como tema central da campanha, de acordo com informações reunidas em uma pesquisa feita pela campanha de Obama nos Estados Unidos.

Porém, nenhuma dessas reportagens é melhor que a do Bittergate. É impossível falar sobre o "Fora do ônibus" sem falar sobre o Bittergate. Essa foi não só a maior das histórias de Mayhill Fowler a dos Correspondentes Populares; na eleição de 2008, foi a maior história do *HuffPo*.

Mayhill explorou o episódio chamado Bittergate de maneira impossível para um repórter tradicional, ao se aproveitar das doações para a campanha de Obama e das conexões com pessoas de lá para conseguir um convite para um evento com a intenção de obter contribuições para a campanha em San Francisco. Lá, ela gravou os comentários de Obama sobre os eleitores conservadores amargurados das áreas rurais. Esse furo de reportagem de Mayhill Fowler foi um dos maiores da disputa de 2008, e ela obteve repercussão, em grande parte, porque fugia dos padrões tradicionais.

"A contribuição de Fowler foi importante porque mostrou que a cidadã Fulana de Tal poderia exercer impacto verdadeiro na conversação política", o escritor especializado em mídia do *Los Angeles Times*,

James Rainey, me disse. "Obama posteriormente disse que seus comentários sobre os 'amargurados' foram o deslize que causou maiores danos a sua campanha."

"Mayhill Fowler conseguiu captar alguns momentos informais no ciclo da campanha de 2008 precisamente porque não era uma repórter-padrão e porque queria e tinha as condições de ir aos locais onde as coisas aconteciam – e de maneira mais importante, como levantadora de recursos da 'imprensa fechada' – em que os jornalistas da grande mídia eram barrados."

A experiência de Mayhill com o "Fora do ônibus" começou em junho de 2007, depois de participar de uma conferência internacional de mulheres em Amam, Jordânia, patrocinada pela Rainha Rania, e resolver seguir as notícias internacionais e políticas mais de perto. Isso a levou a acompanhar os e-mails diários do *Huffington Post*, que um dia solicitou aos leitores que se unissem ao "Fora do ônibus" para cobrir a "caminhada para a mudança" de Barack Obama, evento político programado para ocorrer em um único dia em centenas de locais em todo o país. Mayhill Fowler odiava política – sua avó sucumbira a uma tentativa de sedução politicamente motivada e foi expulsa de casa pelo marido, avô de Fowler, o ex-prefeito de Memphis – porém ficou intrigada com Obama, que a havia impressionado com seu discurso de que a "Fé tinha seu lugar na praça pública", afirmando laços mais estreitos entre a religião e o governo. "Literalmente, eu disse em voz alta: 'Ah meu Deus, esse sujeito vai ser o próximo presidente dos Estados Unidos'", Mayhill me disse.

Logo depois de se juntar à caravana do "Fora do ônibus", Mayhill tornou-se uma convertida fanática. Ela vendeu o carro, pediu doações ao marido e ao pai e colocou o pé na estrada. De Iowa até a Carolina do Sul, passando por Texas, Nevada, Carolina do Norte e outros lugares, Mayhill ia às conferências de imprensa, discursos e eventos para obter doações para as campanhas, frequentemente usando subterfúgios para conseguir entrar ou sair de alguma conferência de imprensa, por exemplo, desparafusando as dobradiças de uma porta. Suas reportagens – com títulos como "OBAMA NÃO CONSEGUE FECHAR ACORDO EM KNOXVILLE"; "DAS BASES DE OBAMA: OS ESTUDANTES INCENDEIAM A CAMPANHA" e "O GUARDA-ROUPA DE VERÃO DE HILLARY MAIS MACIO DA SEARS" – foram escritos em estilo de diário e temperados com observações pessoais.

"Ela encarou sua missão como trabalho de tempo integral", comentou Amanda sobre Mayhill. "Ela me disse: 'Encarei esse trabalho da mesma maneira que meu marido encara o Direito – ele ia para o escritório todos os dias.'"

Mayhill não escreveu apenas sobre a campanha; ela também foi doadora prolífica de Obama, contribuindo com o valor máximo legal de US$2.300 para a campanha do senador do estado de Illinois (junto com US$100 para Hillary Clinton e US$500 para o republicano e conterrâneo do Tennessee, Fred Thompson). Além disso, Mayhill tinha se tornado "conhecida", em suas próprias palavras, de vários membros do Comitê Financeiro de Obama na Califórnia, o que permitiu a ela conseguir um convite de última hora para um evento em uma mansão particular no bairro mais sofisticado de San Francisco para levantamento de contribuições para a campanha de Obama. Os convites haviam se esgotado em abril de 2008, e esse acesso se tornou um evento central.

Nesse evento, Mayhill gravou três grandes notícias. Duas passaram em grande medida despercebidas pela história: a de que Obama teria feito uma viagem ao Paquistão enquanto estava na faculdade e que não necessariamente procuraria um assessor com grande experiência em política internacional, uma vez que a "política internacional é a área em que me sinto *mais* seguro em relação aos senadores Clinton e McCain".

O terceiro furo exclusivo de Mayhill, uma bomba, passou a ser conhecido apenas como Bittergate: Obama, em meio a uma batalha primária competitiva na Pensilvânia contra Hillary Clinton, disse aos cidadãos ricos de San Francisco, espremidos na biblioteca daquela mansão, que as comunidades operárias "derrotadas" da Pensilvânia eram os locais onde "teremos de trabalhar mais — onde as pessoas são mais céticas em relação ao governo... Não é surpreendente que fiquem amargurados e se agarrem às armas ou à religião ou antipatizem com pessoas diferentes delas". Mayhill sentiu-se traída e passou a achar que Obama era uma "fraude"; esse era o candidato, afinal, que tinha sublinhado o papel válido da religião na vida pública. "A abordagem de Obama em San Francisco não era explicar as diferenças entre os americanos — menos ainda nos unir", Mayhill escreveu em suas memórias sobre a eleição de 2008, intitulada *Notes from a Clueless Journalist*.

Mayhill originalmente tinha planejado pular os comentários de Obama sobre os "amargurados". "Estava pensando em dar uma chance a Obama", escreveu. "Pensei que era um pouco brega ficar cobrindo um evento em todos os detalhes." Porém, Amanda percebeu que deveria haver muito mais material no gravador de Mayhill e conseguiu arrancar dela a história do Bittergate.

Conseguir convencer a turma do *Huffington Post* a publicar a história foi outra batalha complicada. "Eram mais ou menos 6 horas no horário da Califórnia", Mayhill me disse, "e Amanda me chamou, demonstrando enorme tensão na voz, como se fossem as cordas esticadas de um piano. Então ela me disse: 'Nico Pitney quer falar com você.' E eu não tinha a menor ideia de quem era Nico Pitney".

Ele era o responsável pela página regular de política do *Huffington Post* e, antes, havia trabalhado como ativista liberal.

"Então cá estou eu de pé no banheiro", Mayhill continuou, "e de repente me aparece essa voz na linha: 'Quem diabos é você, e como é que podemos saber que isso é verdade?' Então eu lhe disse: 'Bem, de fato, desde o último outono passei a gravar todas as entrevistas que faço. E por isso eu tenho a gravação.' Coloquei meu celular em cima do gravador e deixei que escutassem a gravação".

A história foi publicada na sexta-feira, 11 de abril de 2008, e se tornou bombástica imediatamente.

A reportagem do Bittergate irritou o *Huffington* e o cofundador do jornal, Ken Lerer, que tinha patrocinado um evento para levantamento de contribuições de campanha na sua própria casa, um ano antes, Mayhill e Cooper disseram. "Ficou muito claro para mim que a orientação geral do *Huffington Post* era muito pró-Obama até aquele ponto", Cooper me disse. Porém, "nunca tínhamos sentido qualquer pressão, direta ou indireta, para seguir ideologicamente nenhuma dessas linhas, em termos de Clinton ou Obama ou fosse quem fosse... Arianna certamente tinha poder de veto, mas nunca o exerceu". Arianna Huffington estava no iate de David Geffen, no Taiti, quando a história do Bittergate foi publicada; nunca ficou claro, mesmo entre os funcionários do *HuffPo*, o que teria feito se ela estivesse no escritório.

A história de Fowler foi lida mais de cem mil vezes no primeiro dia de publicação e dominou os diversos ciclos de notícias seguintes. Ela subiu como um foguete para o topo do Drudge Report e foi o tema principal do episódio daquele fim de semana do "Meet the Press". O *New York Times* cobriu tanto a história quanto os bastidores – as hesitações de Mayhill sobre se deveria ou não escrevê-la, o processo de edição e a reação dos jornalistas profissionais que acharam que Mayhill violara algumas regras éticas básicas do jornalismo. Mayhill foi acusada de ter gravado Obama sub-repticiamente, embora tenha vigorosamente negado. Havia outras pessoas no evento visivelmente gravando Obama com câmeras de vídeo pessoais e celulares, ela disse. E também o funcionário da equipe de Obama que a havia convidado ao evento sabia que Mayhill escrevera para o "Fora do ônibus" sobre outra cerimônia para arrecadação de contribuições a qual havia assistido.

"Foi uma daquelas histórias definitivas sobre Obama", Ben Smith, que cobria a eleição para o Politico.com, me disse. Contudo "ela a apresentou de maneira deliberadamente ininteligível... ela fez de tudo para prejudicar a própria história. Em outras palavras, para impedir que os leitores conseguissem formar opiniões sobre ela".

Mayhill, de maneira característica do "Fora do ônibus", entregou sua descoberta embrulhada em uma revelação franca dos próprios sentimentos, incluindo uma digressão sobre por que hesitara em escrever a história, para início de conversa.

Smith acrescentou: "Se, em qualquer outra campanha, uma senhora rica tivesse aparecido em um evento para levantamento de contribuições e dito aos repórteres ou exibido a eles uma gravação, o que acontece o tempo todo, eles a teriam chamado de 'fonte'. E agora essa 'fonte' é chamada de 'repórter'."

Mayhill e a filha, aluna de Princeton, que tem o mesmo nome e sobrenome da mãe, começou a receber ameaças de morte. Os blogueiros que apoiavam Obama estavam furiosos.

Mayhill achou que o *Huffington Post* não fez o suficiente para ficar ao seu lado. Bem do lado de sua história explosiva, na primeira página do *HuffPo*, havia uma opinião dissidente escrita em tom forte por um outro redator do jornal. Pontos de vista contrários adicionais surgiram no site, incluindo a seção "Fora do ônibus". "É por isso que eu odeio o jornalismo cidadão, odeio toda a ideia", Mayhill me disse. "Se eu tivesse sido repórter remunerado, aparecido para cobrir o evento, ido ao escritório de Recursos Humanos e assinado todos aqueles formulários, teríamos tido um contrato explícito e implícito entre empregador e empregado; eles teriam me acuado, e eu não teria esse artigo impresso bem do lado do meu, cheio de ataques a mim, depois de ter trabalhado tão duro para conseguir essas histórias para o *Huffington Post*."

Em retrospecto, parece inevitável que o Bittergate tenha testado os limites do relacionamento de Mayhill com o *HuffPo*, das interações dos políticos com a imprensa e dos laços da nova mídia com a antiga. O sucesso no mundo dos projetos paralelos e nos projetos dos 20% de tempo é assim: desagregador. Quando um projeto experimental faz sucesso, às vezes atrai raiva, e então um momento de inflexão. No caso do "Fora do ônibus", o ponto de inflexão foi o Bittergate. Tal como ocorre em qualquer outro projeto dos 20%, o volume de controvérsia entre os colegas e outros encarregados foi de fato uma evidência de sucesso. Paul Buchheit foi vaiado pelos colegas da Google, contra a ideia de a companhia entrar no setor de e-mail, e recebeu ordens para interromper o desenvolvimento do AdSense. Caterina Fake perdeu 17% do quadro de funcionários — e quase perdeu um voto decisivo da companhia — porque queria apostar alto no futuro do compartilhamento social das fotos. De forma semelhante, a mídia estabelecida e os políticos foram ameaçados pelo Bittergate. A história parecia violar as regras, ser injusta e vagamente perigosa. Porém, todo o alarido só serviu para confirmar que o "Fora do ônibus" estava mudando o jogo, exatamente como era o objetivo desde o início.

O Bittergate não somente expôs fissuras entre Mayhill e o "Fora do ônibus", entre este e a campanha de Obama ou entre o projeto e a mídia tradicional. Também expôs uma profunda divisão entre o "Fora do ônibus" e a empresa patrocinadora, o *Huffington Post*. Bittergate forçou um ajuste entre as tensões que vinham crescendo havia bastante tempo entre as duas organizações, tensões enraizadas no abismo existente entre o jornalismo tradicional, como praticado pela sala de imprensa do *HuffPo*, e o jornalismo cidadão, como praticado pelo "Fora do ônibus". Que conjunto de princípios prevaleceria no jornal? E o que aconteceria com o outro?

Esse é o tipo de pergunta que todos os projetos dos 20% precisam responder mais cedo ou mais tarde, ou precisam se preparar para responder. Alguns deles, como o Flickr, acabam assumindo a companhia patrocinadora completamente. Outros, como o Gmail e a Bronx Academy of Letters, se mantêm indefinidamente enquanto modificam as empresas patrocinadoras apenas levemente. Outros brilham rapidamente e depois se apagam, sem fazer a transição de experiência para instituição.

Ao longo de toda a operação do "Fora do ônibus", havia tensão entre o projeto de jornalismo cidadão e a principal equipe de jornalismo político do *HuffPo* em Washington, D.C. A equipe regular do jornal, que funcionava como uma sala de imprensa tradicional, ainda que com opiniões fortes, tendia a ver a equipe do "Fora do ônibus" com um misto de perplexidade e suspeita. O diretor editorial do "Fora do ônibus", Cooper, enquanto isso, entrava em choque com o quadro regular do *HuffPo*, que considerava totalmente compromissado com a campanha de Obama e por causa da sabedoria convencional coletiva que prevalecia entre os jornalistas políticos de elite. Cooper reclamava frequentemente ao velho amigo Roy Sekoff, editor fundador do *Huffington Post* e braço direito de Arianna Huffington.

"Em geral, era uma frustração constante para nós", Cooper disse. "As reportagens não eram inseridas na primeira página, ou "caíam" ou eram disponibilizadas por um período muito curto. Elas raramente eram divulgadas... Uma história detalhadamente relatada, coletada junto às massas e que poderia ter sido um furo de reportagem, frequentemente era ofuscada ou posta de lado por um dos relatórios diários de Sam Stein, repórter do quadro regular do *HuffPo*, sobre uma videoconferência, que, na realidade, era uma propaganda de campanha mal disfarçada."

Betsy Morgan, por sua vez, disse que os editores do *Huffington Post* fizeram um "trabalho extraordinariamente bom de seleção editorial" e que a publicação se beneficiava por "ter grupos que competiam entre si por atenção".

Uma das primeiras brigas entre o "Fora do ônibus" e o próprio *Huffington Post* ocorreu com relação à tecnologia. O conflito surgiu pela primeira vez durante a cobertura ambiciosa e altamente distribuída do "Fora do ônibus" das prévias de Iowa, e acabou se tornando um problema contagiante.

Amanda e Cooper queriam criar uma página na internet dedicada à cobertura de Iowa, porém o pessoal de tecnologia do *HuffPo* insistia que o "Fora do ônibus" tinha de fazer isso com uma página de classificação por palavra-chave genérica, automaticamente gerada, que parecia mais uma lista de resultados de pesquisa que qualquer outra coisa criada por um editor.

"Lutamos, lutamos, lutamos", Cooper disse, "e por fim, no último minuto, contra uma resistência tremenda de todos, Roy Sekoff colocou o dedo na balança, finalmente, e a fez pender para o nosso lado, criando o que agora ele chama de uma 'página de grandes notícias', das quais o *Huffington Post* tem centenas".

A página das grandes notícias, no fim, agregou muito mais valor para o *Huffington Post* propriamente que para o "Fora do ônibus", e nisso reside uma tática para outros projetos paralelos: insistir na obtenção de novos recursos, com o argumento de que os benefícios decorrentes são aproveitados por todos.

O pleito dos benefícios mais amplos nem sempre funcionou para o "Fora do ônibus". O projeto, em grande parte, não obteve êxito em conseguir recursos do *HuffPo*, ainda que tivesse de copiar e colar e-mails de milhares de voluntários para o sistema de publicação do jornal, uma vez que ele não dispunha de um recurso de gerenciamento de conteúdo em que os colaboradores pudessem digitar diretamente seus artigos. "Amanda apareceu batendo na porta de Paul Berry, diretor de tecnologia", Morgan me disse, "dizendo: 'Então, eu realmente gostaria de dispor dessas ferramentas e disso e daquilo'. E Paul Berry retrucou: 'O quê? Você está brincando, certo? Eu tenho todas essas coisas para fazer, além de um novo CEO. E temos todos esses objetivos malucos. E, você sabe, esse seu projeto... não se adequa muito com o que estamos fazendo aqui'". O *Huffington Post* tinha apenas 30 funcionários naquela ocasião, tinha de lidar com um crescimento explosivo de mensagens e estava tentando crescer ainda mais, segundo Morgan.

"Estava falando com a Arianna para pegar esse trabalho", Tomasic afirmou, "e na entrevista ela diz: 'conte-me algumas de suas ideias.' Eu pensei que deveria haver um projeto específico de um blog... Então, Arianna disse: 'Parece excelente. Sei que você precisa ter seu próprio pessoal de tecnologia no qual possa se apoiar.' E respondi: 'Espere, o quê? Você sabe, chegando ao *Huffington Post*, eu tenho de depender dos meus amigos aqui para fazer essas coisas?' E então quando fui admitido, Amanda me disse: 'Esqueça as correções e ajustes do pessoal da tecnologia.' Isso me pareceu chocante. Por que alguém gerenciaria um projeto inicial do tipo *skunkwork* sem poder contar com apoio técnico eficaz?"

Amanda conseguiu extrair o máximo das ferramentas de que ela dispunha. "Muito do que tinha", Morgan disse, "ela conseguiu aos poucos. O que eu quero dizer é que ela vinha trabalhando – até onde sei – em uma enorme planilha em Excel".

Como a experiência de Amanda demonstra, os projetos paralelos precisam ser feitos com os recursos disponíveis, ainda que seja válido fazer lobby para tentar obter o que se precisa.

Tomasic disse: "Uma coisa da qual estou orgulhoso é o fato de que fizemos um trabalho tão bom utilizando uma tecnologia obsoleta... Tínhamos quatro ou cinco contas de e-mail e era com elas que gerenciávamos esses dois mil colaboradores, o que era um pesadelo. Imagine a sua caixa de entrada inundada de e-mails, e multiplique isso por 20!"

Quando o Bittergate estourou, sete meses antes do dia da eleição, as tensões editoriais fermentadas entre os editores do "Fora do ônibus" e o quadro regular do *HuffPo* explodiram. Os funcionários do jornal estavam preocupados porque a história que se desenrolava estava confirmando seus piores temores a respeito dos voluntários do "Fora do ônibus": que eram relaxados e desleais. Os fatos demonstraram enfaticamente que esse não era o caso; porém, os primeiros dias após o escândalo foram caóticos, e o *HuffPo* acreditava no projeto paralelo até certo ponto. Amanda e Cooper sentiram essa desconfiança e acreditavam que o quadro regular do *HuffPo* estava destruindo seu grande momento, talvez por ciúmes. E mesmo que não fosse o caso, quem era o *HuffPo*, em grande parte com seus jovens e inexperientes editores, em Washington D.C., para julgar Cooper, que trabalhara como jornalista e autor durante 35 anos, ou Amanda, que trabalhara com campanhas políticas e com a publicação on-line antes mesmo que o *HuffPo* existisse?

As tensões explodiram em trocas de e-mails, que começaram quando Amanda reclamou que a seção de política regular do *Huffington*

Post tinha apenas citado o link, e não explicitamente dado o crédito ao "Fora do ônibus" pela história do Bittergate. O editor de política Nico Pitney respondeu com uma reclamação de que "praticamente todos os aspectos do desenrolar dessa matéria foram mal executados", alegando que se surpreendeu quando o Bittergate foi de fato publicado, dizendo que a gravação de áudio das observações de Obama deveria ter sido divulgada ao mesmo tempo que a história, não depois; e declarando que a história "desnecessariamente prejudicou nosso relacionamento com a campanha de Obama... poderíamos ter feito o favor a eles de alertá-los contra o fato de que estávamos em vias de publicar uma matéria altamente controversa".

Isso, previsivelmente, provocou intensa defesa de Cooper e Amanda, que chamaram o e-mail de Pitney de "uma nota ultrajante" (Cooper) que "me ofendeu" (Amanda). Eles observaram que foi preciso uma semana inteira para convencer Mayhill Fowler a escrever a história – "ela apareceu no escritório e PRIMEIRO queria conversar comigo sobre receber pelo áudio e pelo trabalho", Amanda escreveu – tornando a coordenação difícil, ainda que tivéssemos mantido Pitney a par do que estava acontecendo o tempo todo. Além do mais, foi um esforço tecnológico de seis horas para converter e embutir o áudio. Por fim, como Cooper observou: "Pesamos seriamente todas as considerações éticas ligadas a essa matéria... não é o nosso trabalho fazer qualquer coordenação com as campanhas políticas que cobrimos. Ponto final. Nunca antes uma única matéria publicada pelo *Huffington Post* conseguiu gerar tanta atenção e ser tão central em todo esse debate. Deveríamos todos estar orgulhosos dessa realização e dar estímulos às pessoas que realizaram essa façanha em vez de responsabilizá-los por uma reportagem incompetente."

Rosen e Arianna Huffington tentaram acabar com a briga com uma convocação para "comemorações e cumprimentos a todos", como Rosen descreveu a cena. "Qualquer erro deve ser corrigido na próxima vez. Acho que independentemente de quais sejam as tensões existentes em uma organização que avança com rapidez, todos concordam com elas de fato."

Ainda assim, não há como negar que quando estávamos próximos do auge de nossas realizações no "Fora do ônibus" – "uma realização direta de um insight que Arianna e eu tivemos quando conversamos sobre esse projeto, na primavera de 2007", como Rosen escreveu –, o projeto estava em desacordo com a empresa patrocinadora. E isso não prenunciava nada de bom para o futuro.

O acerto de contas final de Amanda e Cooper com o *Huffington Post* propriamente ocorreu um pouco antes da eleição. Não havia qualquer questão quanto ao futuro do "Fora do ônibus" – Amanda e Cooper queriam acabar com o projeto. Manter o jornalismo cidadão fora do *HuffPo* só prolongaria o conflito interno entre a equipe do "Fora do ônibus" e o quadro regular do *HuffPo* e realçaria o status de segunda classe da equipe do "Fora do ônibus". O projeto foi feito com experiências e havia acumulado muitas lições duramente aprendidas sobre o que funcionava ou não no jornalismo cidadão. Era a hora de disseminar essas lições para o resto do jornal.

Amanda e Cooper tinham esperança de conseguir convencer os executivos do *HuffPo* sobre a integração de ambas as equipes. Cooper conhecia Arianna Huffington havia 10 anos e ficara próximo também de Sekoff, seu editor número 2. Cooper tinha ajudado Huffington com os eventos bipartidários em 2000, chamados "Shadow Conventions", para a discussão de temas esquecidos pelas convenções oficiais democráticas e republicanas; com a sua campanha para os governadores de 2003, bem como com o lançamento em 2005 do *Huffington Post*, em que Cooper tinha sugerido, dentre outras coisas, que a própria Arianna assumisse a parte mais importante do site. Depois de contratar Cooper para o "Fora do ônibus", "Arianna me disse: 'Marc, vai ser como nos velhos tempos'", relatou Cooper.

O modelo de integração que Amanda e Cooper propuseram parecia uma aquisição. Seu plano, delineado em um longo memorando enviado por e-mail, era retirar Pitney e o resto da equipe existente de jornalismo político de suas posições de poder.

"Pegamos o 'Fora do ônibus' e o transformamos no *Huffington Post*", Cooper disse, resumindo o memorando. "Consolidamos isso em um mecanismo de relatório. Envolvemos alguns editores de verdade... sugeri que precisaríamos de uns 8 ou 10 editores de verdade."

"Derrubamos todos os silos e paredes. Livramo-nos de seis categorias [de conteúdo do *Huffington Post*, listados no topo da home page]. Temos um grande [unificado] pote de dinheiro. Algumas pessoas serão pagas como freelancer ou receberão uma diária... Provavelmente, despediremos os atuais repórteres, porém provavelmente contrataremos uns quatro ou cinco."

"Utilizaríamos um modelo profissional-amador; nossos repórteres e editores liderariam os leitores em projetos investigativos e de notícias. Isso é exatamente o que deveríamos ter feito, e Roy adorou, endossou e o levou para uma reunião em Nova York... Arianna amou a ideia e disse: 'Certamente, é assim que vamos trabalhar. Marc está absolutamente correto. Todos estão corretos. A única objeção que tenho é que não iremos demitir Nico e todas aquelas pessoas da equipe.'"

"E argumentamos: 'Mas não podemos fazer diferente. Como poderemos? Você quer que a gente execute, mas vai deixar esse grupo de seis pessoas manter controle sobre tudo?', e Arianna respondeu: 'Bem, não vou despedir ninguém.'"

No fim do acerto de contas definitivo entre Amanda e Cooper, parecia que o "Fora do ônibus" terminaria sendo um daqueles projetos dos 20% que brilham intensamente e depois se apagam. Cooper e Amanda deixaram o *Huffington Post* logo após a eleição; Nico Pitney, que perguntara à colaboradora mais importante do "Fora do ônibus" quem ela era, foi promovido a diretor executivo dois anos após as eleições. O *HuffPo* manteve o "Fora do ônibus" inativo durante meses após a eleição. O afilhado de Arianna Huffington, herdeiro de uma fortuna no setor de informática, assumiu o comando. Fowler foi jogada no mesmo grupo de edição com milhares de outros blogueiros não remunerados do *HuffPo* depois da eleição, e publicamente anunciou, em setembro de 2010, que deixaria de escrever para o site. "Não se tratava apenas da remuneração", Mayhill Fowler reconheceu, sobre a decisão de sair. "Enviei matérias para eles e nunca recebo qualquer comentário... No fim, você precisa de apoio editorial."

6

Como um aclamado Chef recomeçou

O restaurante Ad Hoc, de Thomas Keller, leva o conceito dos 20% de tempo à *Haute Cuisine*

Em 2006, Thomas Keller estava em alta. Seu novo restaurante em Nova York, o Per Se, tinha acabado de receber três estrelas do Guia Michelin. Seu carro-chefe, o restaurante The French Laundry, de Yountville, Califórnia, era considerado o melhor do país, quiçá do mundo. Sua cadeia de bistrôs franceses, Bouchon, também era um sucesso, com filiais desde o Napa Valley até Las Vegas. Porém, alguma coisa estava faltando com os números de telefone para reservas, sempre ocupados, os mais de quinhentos empregados e telas de videoconferência de alta tecnologia que conectavam as cozinhas de Nova York e do Napa Valley.

Keller sentia saudades dos dias mais obscuros. Quando o The French Laundry foi inaugurado, em 1994, por exemplo, mal havia dinheiro para uma primeira demão de tinta e partes de carpete; as cadeiras foram doadas, os talheres eram de segunda mão, e o restaurante seguiu em frente sem ter uma única frigideira ("usávamos panela para fritar", Keller disse mais tarde). Isso aconteceu antes de a cozinha quadruplicar de tamanho na primeira das diversas reformas sofisticadas, antes de o The French Laundry passar a abrir sete dias por semana e para almoço nos fins de semana, como forma de aumentar o faturamento, antes da expansão dos outros restaurantes – na época em que todos os funcionários da equipe trabalhavam juntos, nos mesmos turnos, bebiam vinho depois do trabalho juntos e tiravam os mesmos dias de folga, frequentemente assistindo a um jogo de softball. Keller queria trazer de volta parte daquela camaradagem dos velhos tempos. Ele estava pronto para encarar um novo desafio e, ao mesmo tempo, pronto para algo bem tradicional. "Queria ter uma equipe pequena que trabalhasse junta e fosse ligada por algum vínculo real", Keller me disse, "um retorno àqueles dias em que um restaurante que funcionasse apenas cinco dias por semana fosse normal... mais ou menos como o The French Laundry, quando o comprei".

A nostalgia de Keller resultaria na inauguração de um novo restaurante, o Ad Hoc. Destinado inicialmente a ser um projeto paralelo temporário, ele floresceu de forma rápida e lucrativa, tornando-se a Meca dos gourmets da Califórnia e dos turistas conhecedores de vinho que visitavam a região produtora daquele estado. Mais tarde, ele se tornou uma franquia, com uma linha de produtos em *Williams-Sonoma*, coleção de livros de receitas que vendeu 235 mil exemplares e 12 reimpressões, e uma inclinação à expansão para outras cidades. "Foi um sucesso enorme", reconheceu o editor de culinária do *San Francisco Chronicle*, Michael Bauer. Keller não o fez sozinho ou por decreto. Ad Hoc, como você constatará, foi desenvolvido organicamente ao longo de muitas conversas com a equipe. Porém, não há dúvida de que o restaurante foi catalisado pela paixão de Keller por fazer algo que modificasse o conceito dos restaurantes nos Estados Unidos – e na própria companhia.

Para Keller, seu negócio e para todo o seu conhecimento de artes culinárias, Ad Hoc era muito parecido com um projeto paralelo, concebido e desenvolvido utilizando o tempo livre de toda a equipe. Keller trabalhava como chef executivo em dois outros restaurantes, tanto durante quanto depois da inauguração. O Ad Hoc acabou tendo um *chef de cuisine* em tempo integral e ajudantes. Porém, nenhum deles esperava que o emprego fosse permanente; em princípio, a ideia era que o Ad Hoc fecharia as portas meses depois de ter sido aberto.

Uma lição importante a ser aprendida da experiência de Keller com o Ad Hoc para outros projetos dos 20% de tempo é a importância de utilizar limitações, especialmente as de tempo e dinheiro, para acabar com o perfeccionismo. Já que o Ad Hoc funcionaria por um curto período, Keller teve de deixar passar alguns detalhes, tarefa não muito fácil para um chef famoso por sua obsessão pelos detalhes. Dessa forma, o Ad Hoc teve algo em comum com os projetos de tecnologia, como o Flickr e o Hack Day da Yahoo!, estimulados, de maneira semelhante, por prazos apertados.

O Ad Hoc também tem uma lição para transmitir sobre a importância de encontrar um apelo emocional num projeto. Assim como o "Fora do ônibus" do *Huffington Post* teve êxito graças aos investimentos emocionais dos voluntários, o Ad Hoc surgiu para alimentar a fome emocional de Keller e sua equipe. As lembranças de Keller a respeito de comidas da infância e a nostalgia por aquela camaradagem familiar e pela equipe de trabalho o ajudaram a animar os funcionários. E, exatamente por isso, o Ad Hoc obteve sucesso no mercado, porque transmitia essa mesma emoção para os clientes. Keller e a equipe escolhiam pratos pela identificação de "pontos de referência" nas vidas dos clientes aos quais determinadas comidas se remeteriam.

A saga do Ad Hoc começou com o fim de um restaurante na ensolarada Yountville, chamado Wine Garden, que servia vinho e pequenos pratos, e que pertencia a uma família de comerciantes de vinhos. Ele não conseguiu atrair freguesia suficiente e fechou as portas em janeiro de 2006, depois de 16 meses de funcionamento. Keller detectou ali uma boa oportunidade. O seu French Laundry ficava apenas a uns 800 metros de distância, na mesma estrada, e seu Bouchon ficava só a quatro quarteirões. O terreno em que o Wine Garden se situava era grande o suficiente para acomodar uma pousada que Keller estava abrindo. Uma coisa levou a outra, e quando Keller se deu conta, era o proprietário de um novo terreno, com uma nova hipoteca para pagar e um restaurante desativado. Ele sempre sustentou que havia comprado o Wine Garden primariamente como um terreno para a pousada, porém a primeira coisa que fez – e de fato o primeiro projeto para o qual canalizou seu considerável entusiasmo – foi a reforma do restaurante vazio.

O restaurante tornou-se o laboratório onde Keller vivenciou o sonho de um estabelecimento que "voltasse ao passado". Depois, Keller quis que aquele espaço acomodasse um restaurante que servisse hambúrgueres e meias garrafas de vinho, conceito que ficou remoendo durante 16 anos. Keller sabia que poderia chamar esse restaurante de Burgers and Bottles, porém os detalhes culinários precisavam ser estabelecidos. Eles tiveram, porém, de voltar à realidade, porque, em 2006, a ideia de um restaurante sofisticado que servisse hambúrgueres já não era novidade. Daniel Boulud, Danny Meyer e Hubert Keller já tinham aberto restaurantes assim. Keller e seu chef, Jeffrey Cerciello, tentaram alguns experimentos ambiciosos com hambúrgueres – "muita coisa com *sous-vide*", Cerciello me disse – e não conseguiu descobrir nada que funcionasse.

Então Keller decidiu abrir um restaurante temporário que ficaria aberto por apenas alguns meses enquanto refinava o conceito do Bottles and Burgers. O Wine Garden serviria como laboratório de baixo risco para novas ideias. Keller dificilmente conseguiria ficar mais entusiasmado do que já estava. Uma noite após o jantar no The French Laundry, quando todos os clientes já tinham ido embora, ele provocou a equipe com perguntas sobre o que fazer. "Eu disse: 'Turma, o que vocês fariam se tivessem um restaurante pronto para ser aberto?'", Keller disse a um entrevistador. "E então lançamos o tema em discussão." Keller passou os resultados dessa sessão de *brainstorming* em um e-mail para os executivos do Thomas Keller Restaurant Group. Assunto: "Uma ideia divertida!"

> E se a gente abrisse um restaurante temporário no Wine Garden? DIVERTIDO, Simples, Barato, 1 tipo de serviço, Sem menu, 4-5 noites por semana. Talvez jantar no domingo.
>
> É isso! Ad Hoc. Abrindo assim que possível.
>
> De quarta a domingo...

SEM MENU. 4 pratos, saladas servidas em estilo caseiro, proteína (carne assada, para ser fatiada e servida), carboidratos e vegetais. Estilo clássico, SIMPLES....

Staff = 1 gerente, 1 sommelier, 1 chef (talvez eu), garçons, cozinheiros e porteiros. Talvez uma boa maneira de usar nosso pessoal do jantar especial do Bouchon; 60 refeições por noite, US$75 em cheque na média, o que vocês acham disso? Me digam, T.

Os funcionários de Keller pensaram que o e-mail fosse uma piada. Fora enviado no dia 1º de abril, afinal, e a palavra "DIVERTIDA" parecia uma pegadinha, para dizer o mínimo. "A minha reação foi: 'Thomas não tem graça. Thomas complica as coisas'", disse Cerciello.

Todavia, Keller falava sério, e com a ajuda de Cerciello e do sous-chef executivo do Bouchon, Dave Cruz, deu asas ao e-mail inicial, transformando-o em um plano mais detalhado para um restaurante temporário.

O Ad Hoc foi projetado desde o início para exigir pouca manutenção. A equipe precisava trabalhar de maneira que sobrasse tempo para continuar pesquisando o conceito que tinham sobre hambúrguer e para Cerciello continuar trabalhando como chef executivo no Bouchon, além de tempo para Keller fazer a mesma coisa no Per Se e no The French Laundry. Só seriam servidos jantares, e não haveria escolha de pratos, apenas um menu predeterminado de quatro opções. O local ficava aberto somente de quarta a domingo, e não seis ou sete dias por semana, como os outros restaurantes de Keller. Nenhum pedido de reserva seria aceito. A comida sempre custaria o mesmo preço, US$45. Os clientes se serviriam de vinho e eles mesmos pegariam as próprias porções de comida, de tigelas e pratos grandes, em estilo caseiro.

O serviço foi reduzido ao básico, porém, ao mesmo tempo, criava certo ambiente. "A ideia era transmitir a sensação de que se estava em casa", Keller me disse. "E você colocava o vinho na mesa e, sim, você o pegava e servia à pessoa próxima de você, e depois passava a garrafa adiante. A mesma coisa com a água, a comida... uma forma de engajamento social."

Levando adiante o tema da simplicidade da baixa manutenção, a equipe de Keller também limitou a cozinha. A equipe se esforçou para criar entradas que pudessem ser preparadas em uma única panela. Keller pode ter construído sua reputação servindo refeições elaboradas preparadas em grande estilo francês institucional, porém sempre sonhou em recriar as comidas agradáveis da infância. Até mesmo os pratos lascivamente complicados de seus restaurantes de luxo eram descendentes mais complexos dos pratos favoritos da infância, como o macarrão e queijo com manteiga de amendoim e geleia. No Ad Hoc, ele e Cerciello trabalharam para criar uma experiência ainda mais próxima de suas raízes. Cruz mais tarde disse que quando não estava seguro sobre como lidar com um prato específico, ele se perguntava como agiria se tivesse de fazê-lo em sua própria casa. A abordagem do restaurante também foi inspirada pelo tipo de comida que os funcionários de Keller preparavam para si mesmos entre os turnos, "refeições familiares" improvisadas, com os ingredientes disponíveis na hora.

"Isso me deu a oportunidade de dizer: 'Legal, agora vou me distanciar da comida francesa e começar a implementar sabores da Califórnia", Cerciello disse, "da África do Norte, Espanha, Itália, e vou criar aqueles pratos maravilhosamente fortes... eu sabia que queria servi-los em grandes pratos, bonitos e fortes... Grandes tigelas de saladas ou carne assada — a ideia central de se sentar ao redor de uma mesa e curtir uma boa conversa — isso era o importante".

Keller e Cerciello elaboraram uma sala de jantar e uma cozinha que, da mesma forma que a comida do Ad Hoc, fossem simples, nutritivas e influenciadas pelo passado distante. Eles mantiveram a cozinha totalmente equipada do Wine Garden do jeito que estava. Cerciello só instalou algumas grades, mudou a disposição dos móveis e a tornou um pouco mais ampla. Os funcionários conseguiram lidar com a falta de aquecimento e de ar-condicionado nas áreas de produção, grande feito no verão da Califórnia. O fato de eles todos saberem que o restaurante seria temporário ajudou Cerciello a resistir à vontade de abrir o bar e reposicioná-lo para que ficasse de frente para a cozinha.

Na sala de jantar, a equipe de Keller só aplicou uma demão de tinta e fez uma decoração com itens de segunda mão adquiridos em um brechó. A mesa de corte do açougueiro era antiga, que Keller tinha em casa; o *maître d'stand* foi retirado do estoque, descartado do The French Laundry; e Cerciello escolheu itens adicionais em uma loja de antiguidades e em uma loja de móveis usados de San Francisco chamada Cookin', famosa pelo péssimo atendimento e pilhas de utensílios de cozinha esotéricos, empoeirados, sujos e precários, como descritos em Yelp.com. A decoração minimalista do interior do Ad Hoc era muito parecida com a da inauguração espartana do The French Laundry (Cruz, pelo menos, tinha frigideiras).

A abordagem de Keller de utilizar materiais de segunda mão ajudou a reduzir os riscos. No fim, a equipe gastou menos de um quarto do custo de uma inauguração de um dos restaurantes do Thomas Keller Restaurant Group, de acordo com Cerciello, que recentemente abriu seu próprio restaurante, FarmShop, em Los Angeles. "Isso não foi nada", ele disse. "Fizemos o melhor que pudemos com o que dispúnhamos porque não havia realmente verba."

A ética do reaproveitamento parcimonioso dos recursos no Ad Hoc espelhou a forma como o Gmail, AdSense e Flickr foram lançados mediante a rápida adaptação de velhos programas (uma discussão sobre um mecanismo de busca, um filtro de pornografia e um sistema de chat de video games, respectivamente). A reutilização de velhas ferramentas é uma forma útil de satisfazer o princípio da doutrina dos 20% de lançar um protótipo o mais rápido possível, como Keller tinha descoberto. "Alguém como Thomas [Keller]... quantas vezes ele reuniu a estrutura básica para montar um negócio na área de gastronomia?", perguntou Daniel Raffel, que trabalhou como cozinheiro para Keller no Per Se e que, como programador, já fez diversos Hack Days para a

TechCrunch e outros. "Basta que agora as peças sejam familiares para ele... Ele sabe o que é necessário ou não e em que investir tempo e em que economizar; ele pode juntar todas as peças muito rapidamente."

"O Ad Hoc é realmente um bom exemplo de um hacker, no sentido de que, no mundo dos desenvolvedores de software, um desenvolvedor em Rails [na estrutura Web] provavelmente diria: 'Bem, usarei [software de estrutura pré-escrita], como o Heroku, o Rails 3.0 e o Sinatra.' É o equivalente a [Keller] encontrar o corretor que vai alugar o espaço, encontrar o gerente para administrar o restaurante, decidir o software de ponto de venda que vai utilizar as panelas e tigelas, o tipo de vendedores de que vai precisar etc. Com a estrutura básica, se tiver qualquer ideia original e se estiver realmente empolgado, você obterá resultados interessante com todos esses ingredientes."

A despeito dos benefícios da reutilização, não foi fácil convencer a respeitável equipe de Keller da validade desse conceito. Cruz inicialmente se recusou a deixar sua posição de sous-chef executivo no Bouchon, para se tornar *chef de cuisine* em um novo restaurante simples de vida curta. "Eles tiveram de fazer aqueles memorandos sobre o conceito do Ad Hoc", Cruz me disse. "E, honestamente, constava deles uma informação de que a comida seria a da infância de Thomas. Por exemplo, galinha frita, estrogonofe de carne, bolo de carne, sabe como é, espaguete e almôndegas. Como sous-chef executivo do Bouchon, eu contava com uma equipe de 18 a 20 cozinheiros, além de atendentes que eu coordenava... e eu só queria continuar com a comida sofisticada." Ou, como Cruz escreveu no livro de receitas do Ad Hoc, "eu não queria deixar meu cargo em um restaurante elegante, que servia pratos franceses clássicos, para fazer 'refeições caseiras'". Porém, Cruz foi forçado a ir durante os primeiros dois meses após a inauguração do restaurante, de qualquer forma ("uma decisão unilateral", ele escreveu). E, um dia, folheando as páginas do livro de receitas do The French Laundry, procurando inspiração para o menu, teve uma iluminação. Ele se deparou com um artigo de Keller sobre a importância das "refeições familiares", e como o fato de cozinhar com motivação e carinho para um dos colegas de trabalho era um primeiro passo fundamental para a formação de um grande chef. "Foi ali então que todo o cenário ficou claro para mim – essa é a essência da culinária", descreveu.

Depois de cinco meses de preparação, o Ad Hoc foi inaugurado em setembro de 2006, sucesso imediato. A espera para as mesas foi muito além de 45 minutos, forçando o restaurante a começar a aceitar reservas. O bar estava o tempo todo lotado. Em um esforço para diminuir a pressão das ligações, o Ad Hoc começou a divulgar o menu antecipadamente, primeiro por ligações automáticas de correio de voz. O Ad Hoc teve de aumentar o número de mesas para atender à demanda. Depois de expandir de 70 para 94 assentos, ele atualmente serve em média 150 refeições por noite, chegando a 200 ocasionalmente. Como declarado no e-mail original de Keller para a equipe, ele esperava servir apenas 60 refeições por noite.

Uma parte do rápido sucesso pode ser explicada em função da excelente reputação de Keller. E os blogueiros de culinária e os jornais locais também ajudaram a aumentar o interesse pelo restaurante. Porém, acima de tudo, era a comida que agradava os clientes. "O restaurante oferece pratos com os quais as pessoas se identificam – todos eles já comeram esse tipo de comida antes", Keller disse. "Independentemente de ser churrasco ou galinha frita, ou algum tipo de filé, todas as opções que servimos agradam as pessoas porque são comidas com as quais estão acostumadas, por isso podem atribuir notas a sua qualidade. Creio que essa é a essência do Ad Hoc, esses pontos referenciais."

Toda a gerência da equipe de Keller trouxe esses "pontos referenciais", seja especificamente, seja na ideia geral de que a comida do Ad Hoc proporcionava conforto e aconchego, como as "refeições familiares" que Keller tinha com a equipe, ou os jantares de que as pessoas participavam na infância, ou a natureza comunal de se partir o pão. "Enfim", pensei, "uma explicação sobre como me senti quando *eu* fui jantar no Ad Hoc." Fosse com minha esposa, com outro casal ou com minha mãe e meu irmão, um jantar no Ad Hoc sempre parecia uma experiência de união, um *mélange* resplandecente de comida e camaradagem no fim de um longo dia na região vinícola. Comer no The French Laundry com cinco amigos fora, em contrapartida, revelador, uma refeição que arrasava com as outras, um enriquecimento culinário épico com quatro horas de duração – porém não a sensação de amizade que senti no Ad Hoc.

Poucas pessoas em qualquer área possuem o conhecimento ou os recursos para criar um produto tão perfeito quanto a experiência de um jantar no The French Laundry. Porém, como o Ad Hoc demonstra, você pode ampliar os recursos disponíveis e mitigar os efeitos de um prazo apertado, criando algo que vá ao encontro das emoções das pessoas. Os pontos referenciais do Ad Hoc influenciavam tanto os clientes quanto os funcionários. Fazer algo com apelo emocional também pode ser útil para conseguir apoio, pedir ajuda e deliciar os clientes. Como vimos no Capítulo 5, o projeto "Fora do ônibus" atraiu e reteve colaboradores ao criar uma experiência emocionalmente recompensadora. Ele atraía os leitores tanto com histórias que pareciam autênticas e causavam impacto emocional como com o Bittergate. Da mesma forma, Joan Sullivan despendeu talvez o mesmo esforço preparando psicologicamente os alunos da escola secundária para o ingresso na faculdade, tanto quanto o fez para prepará-los academicamente, como vimos no Capítulo 4. Ela insistia nos uniformes, enviava os alunos para visitarem faculdades, organizava expedições culturais e ficava o tempo todo estimulando os estudantes a aumentarem as próprias expectativas. Os sentimentos contam, e a conexão com a humanidade das outras pessoas levará um projeto paralelo longe, mesmo que demande softwares de computador muito eficientes, estratégias de lucro calculadas com precisão ou um cardápio complexamente elaborado.

Além do apelo emocional da comida no Ad Hoc, havia a qualidade; Keller tinha a mesma obsessão com o restaurante temporário que com qualquer um dos sofisticados. Embora os pratos como galinha frita e estrogonofe de carne passassem uma impressão de simplicidade, a preparação na cozinha do Ad Hoc era complexa. Conforme Cruz definiu: "Queremos aplicar quaisquer técnicas que conheçamos, quaisquer experiências ou tecnologias que tenhamos disponíveis, para fazer algo familiar, e então refiná-lo e refiná-lo." Por causa disso, as costelas não eram só assadas, mas cozidas no estilo sous-vide, por 48 horas, e depois gratinadas, assadas e servidas com lentilhas, bacon e ervas. A galinha frita não era apenas banhada em soro de leite coalhado e especiarias, ela ficava descansando em salmoura por seis horas. O bolo de carne era feito de um bife Wagyu supermacio e servido com batatas ao murro e alho. Os acompanhamentos podiam incluir cogumelos banhados em azeite de oliva ou pimentas *piquillo* lentamente assadas. Um redator do *Wall Street Journal* rebatizou a canja de galinha do Ad Hoc como "sopa impossível", depois de ficar lutando com a receita complexa do livro de culinária durante três horas. Porém, despender extremo esforço na preparação de comida aparentemente caseira é o segredo do sucesso do Ad Hoc.

"Não é fácil preparar uma comida emocionalmente simples", me disse o consultor de restaurantes sofisticados, Clark Wolf. "Francamente, sou muito mais inclinado, e a maioria dos clientes também, a querer algo que seja emocionalmente simples. E o problema é que confundimos o emocionalmente simples com o tecnicamente simples."

Keller é perfeccionista, e foi tão exigente ao montar um negócio temporário quanto um permanente. Ele não reduziu a qualidade do trabalho. Porém, reduziu o escopo, e essa é outra razão por que o Ad Hoc foi um sucesso. A maneira como fez um restaurante gourmet operar apenas com o essencial produziu uma espécie de mágica: o Ad Hoc oferecia aos clientes o habitual brilhantismo culinário transcendental de Keller por uma fração do custo habitual, US$45 *versus* US$210 no The French Laundry. Ele também aplicou sua técnica culinária a uma nova classe de pratos, apresentando velhas receitas consagradas sob um novo prisma, e atingindo um público-alvo mais abrangente.

"Ele ficou surpreso com o resultado, por ser uma pessoa tão perfeccionista", Bauer disse. "Se tivesse tido a intenção de abrir o Ad Hoc em bases permanentes, poderia ter exagerado. E da maneira como tudo aconteceu, ele fez o que pôde, da maneira melhor possível, no pouco tempo de que dispunha, sem gastar dinheiro. E dada a limitação de verba, fez uma decoração mais simples, que, creio, foi o que tornou o restaurante mais aconchegante."

"A observação dele faz sentido", Keller comentou sobre os comentários de Bauer. "Como era para ser um restaurante temporário, o capital investido e os compromissos assumidos foram mínimos quando comparados com o que fizemos no The French Laundry ou quando abrimos hoje novas filiais do Bouchon ou do Per Se."

Vimos nos casos do Hack Day, Flickr, e agora com o Ad Hoc como os prazos e outras limitações atuam como mecanismos fortemente estimulantes para a criatividade. Não obstante, não deixa de ser muito elucidativa a constatação de que o mesmo mecanismo funciona inteiramente fora do mundo da tecnologia, entre os sofisticados chefs de cozinha do Thomas Keller Restaurant Group. Keller provavelmente não se identificaria com o lema "o pior é melhor" da doutrina dos 20%, que mencionamos na Introdução do livro. E, ainda assim, não há dúvida de que ao serem forçados a flexibilizar um pouco os altos padrões, a nova atitude gerou grandes ganhos para o Ad Hoc.

"Steve Jobs diria: 'A marca registrada de um grande artista'", o chef e hacker Raffel me disse. "Pois, para Keller, comprar o restaurante do jeito que estava e transformá-lo como o fez significou um feito enorme. Ele é o tipo de pessoa que fica aprimorando eternamente tudo o que faz, então, para ele, a abertura desse restaurante representou mesmo um rompimento radical com o que estava acostumado a fazer.

"Quando você limita a quantidade de tempo disponível para criar novas coisas, você tem de agir de acordo com novas regras. Para mim foi isso que o Ad Hoc representou. Foi uma enorme mudança, e quando [Keller] se impôs uma série de limitações... você não pode fracassar quando cria o condicionante de que só fará aquela atividade por seis meses."

Se Keller consegue identificar problemas que pode resolver em um estalar de dedos, você também pode. A melhor maneira de encontrar essas soluções é adotando esses condicionantes, semelhantes aos que ele usou. Trabalhe com pouca verba, prazos apertados e mantenha em mente a ideia de que o que você estiver fazendo hoje logo será desfeito, ou porque deverá ser temporário ou porque será aperfeiçoado e acabará se transformando em algo irreconhecivelmente melhor.

A comida elementar, capaz de despertar as memórias da infância, os pratos comunais, a sala de jantar simples, os preços mais baixos – tudo isso fez o Ad Hoc passar a impressão de ser um local de reunião familiar, não um restaurante sofisticado, o que reforçou seu apelo. Os funcionários contentes, motivados e unidos também ajudavam a criar essa sensação de ambiente familiar. Como o restaurante abre somente cinco dias por semana, os mesmos funcionários estão sempre juntos e têm os mesmos dias de folga. A maioria deles já trabalha lá por dois anos ou mais. Keller e sua equipe organizam a hora de início e de fechamento e os períodos de folga de forma que os funcionários se sintam confortáveis, descansados e unidos. "Creio que tudo isso se traduziu em um ambiente realmente confortável, sensação que acabava sendo transmitida para os nossos clientes", Cruz disse.

Em novembro de 2006, antes que o Ad Hoc se tornasse permanente, Bauer o reavaliou no *Chronicle*. Keller ficou preocupado. "Você não vai analisar um restaurante temporário, vai?" perguntou. Ele não precisava ter se preocupado. O Ad Hoc conseguiu três estrelas e meia, de um total máximo de quatro. "O Ad Hoc parece plenamente concretizado", Bauer escreveu. "Creio que não está nos genes de Keller fazer nada pela metade, independentemente de ser temporário ou não." Verdade. Como Keller disse: "Não podemos diminuir os padrões só porque o trabalho tem um formato diferente, um conceito diferente ou um preço diferente."

Quando a avaliação de Bauer foi publicada, o Ad Hoc ainda era oficialmente "temporário". Porém, todos os comentários positivos dos clientes e críticos acabou gerando o boato de que o Ad Hoc se tornaria permanente. "As pessoas nas ruas me diziam: 'você tem de mantê-lo aberto'", Cruz disse. Keller e Cerciello também escutaram o mesmo. Quando janeiro terminou, o Ad Hoc não fechou como previsto. Em vez disso, Keller e Cerciello anunciaram que continuaria indefinidamente e que o projeto do "Burgers and Bottles" estava suspenso.

"Aquele foi o momento", afirmou Cerciello. "Após seis meses, dissemos: 'Bem, aqui estamos nós. Criamos uma nova marca, independentemente de gostarmos ou não.' E foi uma grande oportunidade. Isso significa que podemos replicar o modelo em Los Angeles ou em Las Vegas."

Keller disse que "adoraria" criar filiais do Ad Hocs e "achava" que o fará no futuro, se ficar comprovado que todas as peculiaridades do restaurante são viáveis fora do Napa Valley e da área de San Francisco. Nesse meio tempo, ele já criou uma extensão do Ad Hoc, chamada Addendum, nos fundos da propriedade, para servir refeições para viagem, aberta três vezes por semana, e lançou um conceito temporário extra, uma versão "instantânea" do restaurante The French Laundry, que servia refeições completas, com nove pratos, por US$400 dentro da loja de departamentos Harrods, em Londres, por 10 dias. Se o Ad Hoc foi a versão de Keller de um projeto dos 20% de tempo, então o "restaurante instantâneo" foi a versão de um Hack Day.

"Acredito que sua paixão não seja pela manutenção, mas pela criação", Raffel disse. "E depois ver quantas criações consegue manter ao mesmo tempo. A essa altura, ele é claramente um malabarista mestre."

No Ad Hoc, Keller não só aprendeu a reduzir o ciclo de criação, como também o fez de forma a preservar a sensação de mágica que permeava as outras criações. "Ele exerceu enorme influência", Clark Wolf comentou sobre o Ad Hoc. "Ele deu às pessoas a confiança de que algo direto e emocionalmente simples pode ser atraente no ramo. Sabe, eu o considero o melhor restaurante familiar... O fato é que se trata de um segredo americano que as pessoas realmente bem-sucedidas, as que de fato já venceram na vida – não as que estão no caminho certo, mas que já chegaram lá – gostam de comer aquele tipo de comida honesta e benfeita, despretensiosa, que costumamos chamar de caseira. Sabe como é, se você não precisa provar nada a ninguém, pode comer pratos simples e maravilhosos."

Conclusão

Comecei este livro sugerindo que os negócios nos Estados Unidos estão sendo refeitos de baixo para cima. Estamos testemunhando a evolução de um movimento rumo à maior liberdade criativa nos locais de trabalho, em direção a sistemas que encorajam a autodeterminação dos funcionários e em direção a equipes valorizadas pela rapidez e distinção de sua produção, em vez de sua escala absoluta. Esse movimento fez renascer velhas ideias sobre a busca da renovação nas margens das grandes organizações e colocou-as em um contexto moderno de redes de alta velocidade, novas ferramentas de comunicação, equipamentos digitais e redes de distribuição globais.

Esse movimento começou, de maneira nem um pouco surpreendente, na Google, o ponto de conexão da inovação em redes, em que ferramentas para a internet de última geração, abundância de capital e uma riquíssima tradição do Vale do Silício em inovação se juntaram para produzir o conceito dos 20% de tempo. Os princípios subjacentes ao conceito estão se disseminando e se tornando cada vez mais úteis, se adaptando a organizações com menos recursos, menos tradição e menos agilidade, para quem não pode contar com empregadores que veem com simpatia o conceito dos 20%, mas que possuem aquele ardor de se juntar a um projeto atraente fora do ambiente de trabalho.

Vimos os princípios básicos do conceito dos 20% de tempo, ou melhor, da doutrina dos 20%, em ação, ao examinarmos seis estudos de caso. Alguns ocorreram nas companhias de tecnologia do Vale do Silício, outros, nas cozinhas dos restaurantes da região vinícola californiana, alguns, no rastro das campanhas políticas, outros, nas salas de aula do Bronx. Cada um encontrou o sucesso a sua própria maneira.

Porém, a despeito de suas individualidades, esses projetos diferentes tinham muito em comum. Certas lições surgiam repetidamente, algumas vezes em contextos muito diferentes. Mencionei no início deste livro que gostaria de passar a você, leitor, uma forma concreta de transformar seu projeto paralelo numa potencial start-up dentro da companhia. Com foco nesse objetivo, salientei algumas lições-chave dos casos individuais, porém pode ser útil recapitular as lições em um formato diferente.

Um projeto paralelo se desenrola em estágios. Aqui estão alguns pontos que aprendemos sobre o que fazer em cada um deles.

ESTÁGIO INICIAL – A CONSTRUÇÃO DA IDENTIDADE

No estágio inicial de um projeto paralelo, você se sente inspirado por uma nova ideia, que avalia, aprimora e então começa a trabalhar. Os experimentos são frenéticos, seu potencial parece não ter limites, e a ideia fica altamente suscetível a morrer, como resultado de medo, enfado e negligência.

- **Reservar tempo para trabalhar no que lhe dê prazer.** Thomas Keller se inspirou para construir o Ad Hoc porque queria reviver os velhos tempos, quando, como eu mesmo disse, "você trabalha cinco dias por semana com as mesmas pessoas e tira os mesmos dias de folga. Esse tipo de restaurante está ficando cada vez mais distante e raro hoje em dia". Jay Rosen lançou o "Fora do ônibus" com Arianna Huffington porque tinha sede de aperfeiçoar a cobertura das notícias depois de passar décadas observando como elas deixavam de atender aos consumidores. Paul Buchheit construiu o Gmail porque, na sua opinião, o e-mail ainda estava incompleto, anos após ele ter brincado na faculdade com a ideia de aprimorá-lo.

Todas essas pessoas estavam construindo para elas mesmas. De maneira semelhante, você tem de ser o seu primeiro cliente. Faça algo que realmente queira para você mesmo. Faça-o para eliminar aborrecimentos ou para trabalhar em algo que lhe dê prazer, o berço em que um projeto atrativo é desenvolvido.

- **Procurar ser visivelmente diferente, até mesmo desafiador.** Você tem de ser visivelmente diferente, tanto como produto quanto como equipe. Não faz mal ser decididamente rebelde às vezes. Você precisa de uma mensagem audaciosa e uma identidade distintiva. É incrivelmente difícil, mesmo para uma start-up que já opere em tempo integral, conseguir romper a muralha de ruídos em que se constituiu o mercado hoje em dia, para chamar atenção e entrar nas mentes das pessoas. É ainda mais difícil quando você está trabalhando nas horas livres dentro de uma companhia com diferentes prioridades.

O desejo de ser diferente explica por que o "Fora do ônibus" do *Huffington Post* recusava matérias que pareciam demasiadamente profissionais, criou uma equipe de Operações Especiais e lançou seções como os "Correspondentes Populares" e "Olhos e Ouvidos", que não possuíam qualquer equivalente na mídia tradicional. O Hack Day da Yahoo!, da mesma forma, decolou porque Chad Dickerson levou o formato das hackatonas para um novo e ousado território, altamente visível, com os concertos de rock alternativo, os hacks bizarros em meio à fumaça de maconha do Open Hack Day, por conta dos vazamentos para a imprensa e porque ele apoiou jogadas subversivas, como o game "Who's the Boss?"; Joan Sullivan obrigou seus alunos no Bronx a usarem uniformes e os levou a museus, monumentos culturais e aos *campi* das faculdades para lhes mostrar de maneira muito concreta que faziam parte de um grupo muito especial de alunos. E, naturalmente, o Gmail só foi possível graças exclusivamente ao primeiro protótipo de Paul Buchheit brutalmente – e distintivamente – tosco.

- **Conectar-se emocionalmente às pessoas.** Você não está apenas fazendo um produto, está criando uma experiência. Seu projeto preferido o motiva e deve suscitar a mesma reação por parte dos clientes e colegas de equipe. Você quer criar algo que tenha apelo emocional, um produto que encante as pessoas, mesmo as que a construíram. Antes mesmo que você defina o que será o produto, suas próprias e elevadas expectativas criarão uma experiência para todos a seu redor. Como Joan Sullivan disse: "Você tem de acreditar que seu objetivo é possível, porque só assim conseguirá transmitir essa sensação, de que se trata de uma crença viável, para a equipe."

Se você conseguir aprender essa lição e criar algo que toque o sentimento das pessoas, terá à sua disposição uma alavanca poderosa, que pode multiplicar o impacto de quaisquer recursos que consiga angariar, e a expertise que investir no projeto. Thomas Keller credita o estrondoso sucesso do Ad Hoc como restaurante e como livro de receitas não só à qualidade da comida mas ao fato de tocar nos "pontos referenciais" das pessoas, com jantares e pratos caseiros, como galinha frita, costelas, peixe com batatas e carne assada, que levavam as pessoas de volta à infância. O Flickr, de forma semelhante, decolou depois que um de seus recursos conseguiu transformar o envio de fotografias pela internet em uma experiência social emocionalmente poderosa. E naturalmente o "Fora do ônibus" obteve êxito nos pontos que os esforços prévios de jornalismo haviam falhado porque tentou obstinadamente criar uma experiência positiva para os milhares de colaboradores ao fazer uma cobertura política humana e crível para os muitos leitores.

- **Desenvolver alguma coisa simples e rápida.** Faça rapidamente um protótipo simples. Se há uma lição geral em todos os projetos dos 20% bem-sucedidos é essa. A primeira versão do Gmail foi feita em poucas horas e só conseguia ler os e-mails de uma única pessoa. O protótipo do AdSense foi criado em uma madrugada. A primeira versão do Flickr foi feita em apenas dois meses. Os Hack Days tiveram êxito ao fazerem as pessoas criarem algo em, no máximo, 24 horas.

  O conceito do protótipo rudimentar também é muito útil, até mesmo para outros tipos de produtos além de softwares. O restaurante Ad Hoc foi construído às pressas, em quatro meses, por menos de um quarto do custo dos outros restaurantes de Thomas Keller. A proposta da Bronx Academy of Letters foi redigida em duas semanas, enquanto Joan Sullivan lecionava em tempo integral. E o "Fora do ônibus" tornou-se realidade, como Amanda Michel disse, depois que "Arianna Huffington teve uma conversa com Jay Rosen, e eles tomaram rapidamente uma decisão".

- **Ter poucos recursos e trabalhar duro são a sua alegria.** As dificuldades são amigas. Aceite os prazos curtos e a escassez de recursos. Prazos aparentemente impossíveis ajudam a simplificar ao máximo a ideia, o que irá ajudá-lo a terminar rapidamente o protótipo, ao passo que a escassez de dinheiro irá forçá-lo a abandonar más ideias e encorajá-lo a procurar novas soluções para os problemas, em vez de tentar as mais comuns. O Flickr nasceu não apenas de algumas ideias surgidas nas horas de folga, mas do último suspiro de uma companhia de video game. O restaurante Ad Hoc surgiu porque Keller, um famoso perfeccionista, disse a si próprio que iria se desfazer daquele restaurante e, por isso, não deveria gastar muito dinheiro na inauguração ou levar muito tempo planejando-o. O Google Reader foi lançado por causa de um ultimato de um mês. Os Hack Days são realizados sobre o poder dos prazos. E as duras condições das escolas municipais em Nova York e no Bronx forçaram Joan Sullivan a criar um sistema de doações pioneiro para a sua escola secundária pública.

ESTÁGIO INTERMEDIÁRIO – A BUSCA DE PATROCÍNIO

No estágio intermediário de um projeto em execução dentro do estilo dos 20% de tempo, há o envolvimento de terceiros. Você está tentando trazer clientes, usuários, parceiros de equipe e aliados. Você aperfeiçoa o produto.

- **Iterar rapidamente.** Nessa fase, você deve implementar melhorias aos poucos e lançar constantes atualizações. O segredo é manter cada iteração pequena e administrável. Esse estilo de desenvolvimento de produto apresenta diversas vantagens. O lançamento de versões mais avançadas significa mais oportunidades de obter feedback sobre o produto por parte dos usuários, dos colegas e dos primeiros clientes. Isso reduz o risco de perder muito tempo de desenvolvimento na direção errada ou de se surpreender com a reação das pessoas às melhorias. Liberar para o mercado novas versões com pequenas melhorias também o ajudará a determinar mais rapidamente a quantidade de trabalho e de tempo exigida para cada melhoria. Além disso, cada nova versão propicia mais pretextos para falar sobre o projeto e oportunidades para o boca a boca, aumentando o perfil do projeto.

O Gmail é o exemplo perfeito de iteração, aperfeiçoado de maneira gradual ao longo de dois anos e meio, desde o momento em que foi descrito pelo companheiro da Google, Chris Wetherell, de acordo com suas próprias palavras, "a pior coisa que já apareceu" até chegar ao ponto em que se tornou o serviço de e-mail de crescimento mais rápido do planeta. O Flickr também evoluiu passo a passo, gradualmente se transformando, de um site de fotografias a uma rede social completa. A inovação também é beneficiada com a iteração de fora do mundo da tecnologia. A escola secundária de Joan Sullivan começou apenas com a nona série e acrescentou uma nova série por ano, durante quatro anos. Àquela altura, ela começou a estabelecer uma escola intermediária. "Você não tinha de contratar o staff de todas as séries de uma única vez", contou o chanceler das escolas da cidade de Nova York. "Poderia avançar aos poucos, começando com a 9ª série, depois a 10ª e a 11ª, a seguir a 12ª, e contratar o staff da 7ª série, basicamente implantando uma cultura alinhada com seu pensamento."

- **Determinar o que deve ser medido e acompanhado, e decidir os padrões de qualidade a serem atingidos.** Ao decidir como desenvolver o Gmail, Buchheit se impôs o objetivo de acumular 100 usuários satisfeitos dentro da Google. Posteriormente, ele comentou que, basicamente, uma vez que conseguisse esses usuários, conseguir milhões de novos usuários não seria muito mais difícil. "Cem usuários, à primeira vista, não parece muito", Buchheit disse, "porém, as pessoas tendem a ser muito parecidas, de maneira que se você consegue satisfazer 100 usuários, em geral consegue que muitos outros também fiquem satisfeitos". No restaurante Ad Hoc, Keller se impôs o objetivo imediato de conseguir servir 60 refeições, ou clientes, por noite. No Flickr, a estatística principal de Caterina Fake era o extrato bancário da Ludicorp, constantemente em risco de falir. Porém, havia outro indicador de qualidade que observava, a quantidade diária de novos usuários; ela sabia que o Flickr estava em perigo sempre que esse número caía temporariamente para menos de 10.

É excelente que você esteja entusiasmado o suficiente com algo a ponto de lançar um projeto paralelo em seu tempo livre. Contudo, você não pode ser guiado exclusivamente pelas emoções. Precisa ter um parâmetro objetivo pelo qual possa medir o progresso do projeto e deve estabelecer um objetivo que possa ser medido dessa forma. Se, por um lado, você deve evitar se perder em meio a um oceano de estatísticas ou ficar obcecado com elas, por outro, precisa prestar atenção em alguns números-chave que o ajudem a manter os pés no chão.

- **Pedir ajuda.** A melhor maneira de obter aliados é mostrar o que de concreto podem fazer para melhorar o projeto. Wetherell mostrou o código-fonte de um protótipo de versão do Google Reader para um programador mais capaz, sabendo de antemão que ele ficaria impressionado com sua baixa qualidade e se motivaria a reescrevê-lo. E a isca funcionou. Também na Google, o protótipo do AdSense era rudimentar, assim como o do Gmail. O Google designou uma equipe inteira para trabalhar no desenvolvimento do AdSense, que, por sua vez, refez o produto completamente e o lançou a tempo de financiar o Gmail. "Uma equipe extremamente talentosa foi formada para desenvolver o projeto e, dentro de talvez uns seis meses, uma versão beta foi lançada", Buchheit disse mais tarde. Enquanto isso, no "Fora do ônibus", Amanda Michel sucessivamente recrutava jornalistas cidadãos, mostrando a eles como sua expertise profissional, localização geográfica ou seu background político tornava-os especialmente valiosos para a cobertura política do *Huffington Post*.

- **Confiar em si mesmo.** Se, por um lado, você quer deixar claro para as pessoas que precisa de ajuda, por outro, também precisa demonstrar confiança no futuro sucesso. Pode parecer óbvio, mas é importante. As pessoas de quem você precisa no projeto e as de quem você precisa que o comprem ou usem poderão avaliar seu nível de entusiasmo e dedicação. Nesse sentido, as características de um grande desenvolvedor de projetos paralelos e de um grande empreendedor são muito parecidas. Você precisa ter arraigada convicção de estar fazendo a coisa certa. Wetherell teve a ousadia de passar por cima dos canais habituais da Google e convencer um engenheiro com as credenciais apropriadas para colocar o Google Reader em um servidor da companhia porque confiava profundamente que o AdSense decolaria. Buchheit estava tão confiante no AdSense que se dispôs a desafiar a ordem de um gerente de produtos da divisão de Gmail da companhia, Marissa Mayer. "Não me lembro de jamais ter visto Marissa Mayer dizer que gostava do AdSense", Buchheit me disse, "mas eu não o teria abandonado mesmo que ela tivesse mandado".

- **Ampliar o campo de atuação.** Um grande projeto paralelo esbarra nos limites entre as competências essenciais da companhia patrocinadora, as tecnologias externas disponíveis e pensamentos que a companhia não incorporou. Essa atitude traz para o mundo corporativo um pouco do mundo exterior. Por essa razão, é aconselhável sair em busca de feedback e inspiração. Esse passo pode incluir um software, uma música ou algum Hack Day artístico; poderia também incluir um fórum organizado deliberadamente com uma agenda flexível, como o BarCamp, que vem sendo utilizado como base para workshops criativos nas áreas da tecnologia, política, saúde, planejamento urbano e outros.

Você pode obter perspectivas úteis sobre o seu projeto em qualquer evento ou encontro que o coloque em contato com pessoas de fora de seu grupo habitual. Keller e sua equipe não se deram conta de que o restaurante Ad Hoc poderia virar permanente até que os moradores de Yountville, na Califórnia, começaram a se aproximar deles nas ruas lhes pedindo que não fechassem as portas.

Os funcionários com baixo moral por trás do Flickr tiveram uma injeção de ânimo muito importante e necessária, ao demonstrarem a primeira versão do software para compartilhar fotografias na O'Reilly's Emerging Technology Conference. A Bronx Academy of Letters trouxe escritores profissionais para a sua junta levantadora de recursos e para dentro das salas de aula, com o objetivo de elevar o nível de experiência educacional dos alunos. Da mesma forma, você pode aprender muito ao interagir com pessoas de fora.

- **Continuar avançando, mesmo que tenha de mudar seu curso.** A criação de um produto bem-sucedido, ou a sua organização, é um caminho longo e árduo, mesmo que você já tenha uma companhia erguida em torno de você. Foram precisos dois anos e meio para Buchheit conseguir lançar o Gmail. O "Fora do ônibus" dispôs de aproximadamente um ano e meio antes das eleições, e muitas lições foram surgindo ao longo do caminho para os líderes. Mesmo períodos relativamente curtos podem parecer muito longos quando se trabalha intensamente, como os fundadores do Flickr, ao trabalharem de 14 a 18 horas por dia.

Mas apenas persistir não é suficiente. Você também tem de estar alerta para poder detectar indicações de que chegou a hora de mudar de curso. Foram necessários alguns meses para que Amanda Michel admitisse que precisava de um jornalista como Marc Cooper ao seu lado. E Caterina Fake precisou passar por um enorme aperto financeiro para que ela e seu sócio e marido, Butterfield, se dessem conta de que deveriam mudar os rumos da empresa de video games para a ideia de compartilhamento de fotografias. É possível que seu próprio futuro mais promissor exija que você mude de curso em função de um pequeno detalhe. Portanto, esteja pronto para isso.

ESTÁGIO FINAL – DESENVOLVIMENTO E TOMADA DE DECISÕES

Quando seu projeto chega nos estágios finais, você acaba encurralado pelos desafios de uma companhia construída em torno de outro conceito. Você precisa crescer para sobreviver, precisa de recursos para crescer, de pessoas competentes para conseguir extrair o máximo de seus recursos. E, no fim, precisa resolver qual será o futuro da sua ideia dentro da companhia, caso toda essa energia e dor de cabeça continuem.

- **Encontrar patrocinadores e projetos aliados.** Quando seu projeto chega aos estágios avançados de desenvolvimento, começa a esbarrar em problemas que demandam não só o capital humano de tempo e energia, mas também o capital clássico. O Gmail, por exemplo, precisava de mais discos rígidos e servidores; o Hack Day queria convidar centenas de nerds para acamparem por uma noite no *campus* corporativo; o *Huffington Post* precisava desenvolver um tipo de site que não existia em seu sistema de edição. É exatamente nessa hora que você precisa de amigos em altos cargos. Estou fazendo esse comentário agora, para que você possa cultivar esses patrocinadores *antes* que seu projeto necessite desesperadamente de sua ajuda. À medida que for dando forma ao projeto, busque recomendações, aconselhamento e encorajamento por parte de mentores em quem você confie e superiores dentro da organização, enfim, todas as pessoas de quem poderá precisar posteriormente.

Você também poderá obter ajuda de algum outro projeto em andamento, em especial de algum que conte oficialmente com as benesses da companhia, ao convencer seus superiores de que seu projeto é crucial para o sucesso de outro. Lembre-se de como Wetherell obteve sanção formal por parte da companhia quando seu projeto, Google Reader, politicamente fraco dentro da Google, passou a ser considerado um "subproduto" ou subcomponente necessário ao projeto de home page configurável, "iGoogle". Essa ajuda da equipe do iGoogle tornou o Google Reader viável.

- **Destacar os investimentos que beneficiarão a todos.** Uma das melhores maneiras de conseguir que a companhia aposte no seu projeto é convencê-la de que ela não está apostando no seu produto. Invariavelmente, existem técnicas e tecnologias desenvolvidas para determinado projeto paralelo que acabam beneficiando toda a organização, mesmo quando os projetos paralelos que geraram essas novas técnicas e tecnologias acabam arquivados e esquecidos. Então não deixe de demonstrar aos seus chefes características, aperfeiçoamentos e tecnologias que apresentem um forte potencial para beneficiar toda a organização. Seus chefes tenderão a autorizar a transferência de recursos para um eventual projeto que beneficie toda a companhia, em vez de um que esteja intimamente ligado à sua própria concepção.

A equipe técnica do *Huffington Post* resistiu fortemente às insistentes solicitações de Amanda Michel e Cooper por uma "página grande de notícias" em que pudessem exibir sua cobertura das prévias de Iowa, que pudesse ser exibida como a primeira página do *HuffPo* ou como as de suas seções, mas que, na realidade, não era nenhuma das duas. Depois que a equipe técnica do jornal finalmente resolveu atender às solicitações, essa página maior de notícias acabou se transformando em um negócio muito mais amplo, utilizado várias vezes pela equipe do "Fora do ônibus" e muito mais usado pela própria estrutura do jornal.

- **Extrair o máximo possível dos recursos e ferramentas já disponíveis para o projeto.** Você tem mais chances de conseguir mais recursos se deixar claro que já está chegando nos limites de todos os de que já dispõe. O "Fora do ônibus" nunca conseguiu obter o máximo da tecnologia que desejava, nem mesmo um simples formulário para a internet em que os redatores pudessem digitar seus artigos diretamente. Em vez disso, fizeram tudo através de e-mail e de uma planilha gigantesca em Excel. Buchheit saía batendo nas portas das demais equipes da Google, implorando por eventuais discos rígidos ociosos. O Flickr improvisou e conseguiu realizar seu objetivo utilizando classificações por palavra-chave em vez de tentar utilizar sofisticados softwares de reconhecimento de imagens. Até mesmo Thomas Keller, proprietário de um dos restaurantes mais sofisticados do mundo, não teve qualquer escrúpulo em comprar equipamentos de segunda mão e buscar objetos antigos, guardados nos depósitos na hora de montar o Ad Hoc.

- **Manter constante contato com a nave mãe.** Os projetos paralelos naturalmente tendem a ser provocativos, portanto é aconselhável fornecer aos superiores frequentes relatos do que está fazendo, principalmente quando o projeto atinge os estágios finais, porque vai ajudá-lo a protegê-lo de controvérsias. Da mesma forma, é uma boa ideia transmitir aos colegas de outros grupos comunicados frequentes sobre algo que possa gerar reflexo nas suas áreas. A manutenção de um fluxo constante de comunicação ajuda não só a curar egos feridos, mas também a fortalecer o apoio político para seu projeto, lançando as bases essenciais que permitam converter o projeto dos 20% de tempo em algo maior.

A despeito de tudo que sabemos sobre como desenvolver um projeto paralelo bem-sucedido, a disseminação da doutrina dos 20% ainda é muito recente. Vemos, a todo momento, novos recursos interessantes para estimular a criatividade autônoma dos trabalhadores. Enquanto eu terminava este livro, a National Public Radio começou uma experiência com o que batizou de Dia da Serendipidade, em que funcionários da área técnica passaram um dia trabalhando no que quisessem, com o apoio dos gerentes – fosse alocar um designer extra, digamos, ou uma sala. Os funcionários passavam a tarde anterior se preparando e, na manhã seguinte, apresentavam os trabalhos. "O nível de energia na sala explodiu", comentou a diretora de estratégia de produtos Sarah Lumbard, com o pessoal do Harvard's Nieman Journalism Lab. "E o melhor que escutamos da equipe foi: 'Quando vamos repetir a dose?'"

Não muito antes do Dia da Serendipidade, uma equipe da Condé Nast convidou um grupo de pessoas de fora – programadores, blogueiros, executivos de tecnologia e outros consultores – para o lançamento de uma "start-up virtual" dentro do conglomerado luxuoso da revista com o objetivo de criar Gourmet Live, um dispositivo do iPad que combinasse conteúdo semelhante ao das revista sobre comida com a dinâmica de um video game. Depois que os convidados se retiraram, a equipe do Condé Nast levou adiante aquele *modus operandi* e criaram um projeto paralelo chamado Idea Flight, que nada tem a ver com a revista; é um aplicativo do iPad projetado para substituir os perfis nas reuniões. Ele permite que o líder de uma reunião estabeleça a ordem em que os documentos aparecem no aparelho, impedindo que as pessoas naveguem por ele antecipadamente. O aplicativo também permite que os participantes da reunião leiam os perfis do LinkedIn dos demais participantes. No fim, a apresentação é desbloqueada, e os participantes podem levar o arquivo para navegar livremente.

"O que é tão atraente quanto o conceito do aplicativo Idea Flight é o que ele nos diz sobre o que é possível fazer em grandes companhias", escreveu o empreendedor tecnológico Anil Dash. "A despeito de ser um lançamento da Condé Nast, ele não é baseado em nenhum de seus famosos títulos de revistas, é uma nova marca que foca um novo mercado de usuários profissionais."

Cada vez mais, grandes organizações como a NPR e a Condé Nast estão descobrindo que podem injetar com sucesso a energia e a liberdade criativa embutidas em novas ideias em suas próprias equipes, utilizando os princípios da doutrina dos 20%. E por que não? Se um enorme distrito escolar urbano pode estimular a liberdade criativa, certamente essas grandes organizações também podem. Se um chef de 56 anos muito famoso por sua meticulosidade pode aprender a arte do hack, elas também podem. Se alguns dos nerds mais radicais do Vale do Silício podem se transformar, por algumas horas, em roqueiros punks, certamente eles podem seguir esses procedimentos. À medida que mais e mais projetos que utilizem a doutrina dos 20% obtenham sucesso, mais pessoas tentarão seguir os exemplos, e deveremos nos deparar com mais inovação, criatividade, pontos de contato mais emocionais e, de fato, mais humanidade no ambiente de trabalho moderno, o que será uma verdadeira bênção.

Bibliografia

INTRODUÇÃO

BEDA, J. "Google 20% Time". EightyPercent.net, 24 de março de 2005.
BOARD OF GOVERNORS OF THE FEDERAL RESERVE SYSTEM. "Flow of Funds Accounts of the United States". Setembro de 2011.
BUCHHEIT, P. Entrevistas
CONFERENCE BOARD. "U.S. Job Satisfaction at Lowest Level in Two Decades". Conference-board.org., 5 de janeiro de 2010.
DASH, A. "The Virtual Start-up: Taking Flight". anil.dashes.com, 22 de junho de 2011.
DOUGHERTY, D. Palestra "We Are Makers". TED conference, janeiro de 2011.
FRIED, I. "Google + Guru Bradley Horowitz on Products, Platforms and That Pesky Memo". All Things D, 20 de outubro de 2011.

HAMEL, G. *O futuro da administração*. Rio de Janeiro: Campus/Elsevier, 2007.

KRETKOWSKI, P. D. "The 15 Percent Solution". *Wired*, 23 de janeiro de 1998.

LEVY, S. *In the Plex*. Nova York: Simon & Schuster, 2011.

NA, P. Entrevistas.

PAGE, L. Palestra: "Sergey Brin and Larry Page on Google". TED conference, fevereiro de 2004.

3M COMPANY. "A Century of Innovation: The 3M Story". 3M Company, 2002.

TSOTSIS, A. "Google's 20 Percent Time Will Survive the Death of Google Labs". TechCrunch, 20 de julho de 2011.

U.S. Bureau of Economic Analysis. "Real Private Fixed Investment in Equipment and Software by Type, Chained Dollars". Outubro de 2011.

_____. "Real Private Fixed Investment in Structures by Type, Chained Dollars". Outubro de 2011.

U.S. BUREAU OF LABOR STATISTICS. "Labor Force Statistics from the Current Population Survey". Outubro de 2011.

U.S. CONGRESSIONAL BUDGET OFFICE. "The Budget and Economic Outlook: An Update". Agosto de 2011.

WETHERELL, C. Entrevista.

CAPÍTULO 1

BUCHHEIT, P. Entrevistas.

_____. "The Most Important Thing to Understand About New Products and Start-ups". Paulbuchheit.blogspot.com, 17 de fevereiro de 2008.

_____. Palestra: "Paul Buchheit at Start-up School 08". Y Combinator, abril de 2008.

_____. "Overnight Success Takes a Long Time". paulbuchheit.blogspot.com, 4 de janeiro de 2009.

_____. "Communicating with Code". Paulbuchheit.blogspot.com, 22 de janeiro de 2009.

HAMEL, G. *O futuro da administração*. Rio de Janeiro: Campus/Elsevier, 2007.

KATDARE, K. "Paul Buchheit – Creator of Gmail, AdSense & FriendFeed". CrazyEngineers.com, 1º de março de 2009.
LIU, M. "Marissa Mayer, VP of Search Products and User Experience at Google". Innovate podcast, Stanford University, 31 de agosto de 2007.
LIVINGSTON, J. *Founders at Work*. Nova York: Apress, 2007.
NA, P. Entrevista.
SPOLSKY, J. "Controlling Your Environment Makes You Happy". JoelOnSoftware.com, 2 de abril de 2010
WETHERELL, C. Entrevista.

CAPÍTULO 2

CHAFKIN, M. "Anything Could Happen". *Inc.*, 1 de março de 2008.
FAKE, C. Entrevistas.
_____. "Working Hard Is Overrated". Caterina.net, 25 de setembro de 2009.
HICKS, M. "Online Collaboration Born from Mutiplayer Game". eWeek.com, 12 de fevereiro de 2004.
KIRKPATRICK, D. "Twitter Was Act One". *Vanity Fair*, abril de 2011.
LIVINGSTON, J. *Founders at Work*. Nova York: Apress, 2007.
LUDICORP. "Flickr Launches!" ludicorp.com, 20 de fevereiro de 2004.
MALIK, O. "Odeo RIP, Hello Obvious Corp". GigaOm.com, 25 de outubro de 2006.
SCHOFIELD, J. "Let's Be Friendsters". *Guardian*, 19 de fevereiro de 2004.
WILLIAMS, E. "The Birth of Obvious Corp". evhead.com, 25 de outubro de 2006.

CAPÍTULO 3

CANNON-BROOKES, M. Entrevista.
_____. "The Inaugural 'FedEx Day' Atlassian Meets Google's 20%". Blogs.atlassian.com, 22 de abril de 2005.
_____. "Blown Away (Again) by Hack Day". Blog.chaddickerson.com, 26 de março de 2006.

_____. "Yahoo! Hack Day Tomorrow, and Some of My Inspirations". Blog.chaddickerson.com, 14 de junho de 2006.

_____. "Loads of New Stuff from Yahoo! Developer Network for Open Hack Day". Blog.chaddickerson.com, 1º de outubro de 2006.

_____. "Yahoo! Open Hack Day: How It All Came Together". Blog.chaddickerson.com, 3 de outubro de 2006.

HOFFMAN, H. Entrevistas.

_____. "The History of Hack Day". YDN Blog, 14 de junho de 2007.

_____. "A Very Personal Ramble Down Hack Day Memory Lane". YDN-Blog, 8 de maio de 2009.

HOROWITZ, B. Entrevistas.

KAKWAN, M. Entrevista.

_____. "Funny Guy Mo on Yahoo! Hack Day' 06 – Saved by Patrick Stewart". Pulse2.com, 3 de outubro de 2006.

KENNEDY, R. "Yahoo! Open Hack Day Wrap-up". Ryan Kennedy's blog, 2 de outubro de 2006.

KORULA, T. Entrevista.

KRAUS, J. "JotSpot Inaugural Hackathon". JotSpot Blog, 9 de maio de 2005.

MASON, H. Entrevista.

McALISTER, M. "Top 10 Reasons Why Hack Day Rocks". Mattmcalister.com, 26 de março de 2006.

MERNIT, S. "Hack Day: Thoughts on How Yahoo Got There and What It All Means". SusanMernit.com, 1º de outubro de 2006.

METCALFE, B. "Yahoo! Hack Day Was Off the Hook". Benmetcalfe.com. 3 de outubro de 2006.

NORTON, K. Entrevista.

RAFFEL, D. Entrevista.

ROTENSTEIN, J. "Atlassian's 20% Time Now Out of Beta". blogs.atlassian.com, 23 de março de 2009.

SILVERS, J. "FedEx Day in the Wild Blogs.atlassian.com, 12 de novembro de 2010.

WEINBERG, G. "Rapid Prototyping as Burnout Antidote". Gabrielweinberg.com, 24 de agosto de 2010.

ZAWODNY, J. Entrevistas.

_____. "Yahoo1's First Hack Day: What a Blast!" Jeremy.zawodny.com, 9 de dezembro de 2005.

CAPÍTULO 4

BERNSTEIN, T. Entrevista
BRILL, S. "The Rubber Room". *The New Yorker*, 31 de agosto de 2009.
_____. "The School Reform Deniers". *Reuters*, 21 de agosto de 2011.
BRONX ACADEMY OF LETTERS. "History". Bronxletters.com, acessado em 27 de março de 2011.
CRAMER, P.; GREEN, E. "Joel Klein's Bumpy Learning Curve on the Path to Radical Change". GothamSchools.org, 10 de novembro de 2010.
GOLDSTEIN, D. "Joel Klein's Sad and Cynical *Atlantic* Essay". Danagoldstein.net, 12 de maio de 2011.
GOOTMAN, E. "The New Team: Joel I. Klein". *New York Times*, 9 de novembro de 2008.
HADDAD, A. "The Write Stuff: The Bronx Academy of Letters Puts Pen to Pupil". UrbaniteBaltimore.com, 1º de agosto de 2005.
HAMILTON, S. "Mayor Villaraigosa Names Joan Sullivan Deputy Mayor of Education". Mayor.lacity.org, 21 de dezembro de 2009.
HERNANDEZ, J. C. "Departing Schools Chief: 'We Weren't Bold Enough.'" *New York Times*, 24 de dezembro de 2010.
HOFFMAN, J. "PUBLIC LIVES; A Traveler Showing Students a Different Path". *New York Times*, 21 de outubro de 2003.
HURST, M. "Joan Sullivan (follow-up)". Gelconference.com, junho de 2009.
KLEIN, J. Entrevista.
_____. "The Failure of American Schools". *The Atlantic*, junho de 2011.
LEMANN, N. "Comment: Schoolwork". *New Yorker*, 27 de setembro de 2010.
LLANOS, C. "Can She Bring Bronx Success to L.A. Schools?" *Los Angeles Daily News*, 20 de dezembro de 2009.
NEW YORK CITY DEPARTMENT OF EDUCATION. "Elementary, Middle, High, and Schools for Transfer Students Schools Receiving 2006/2007 Progress Report Grades". 7 de abril de 2008.
NOCERA, J. "Lesson Plan from a Departing Schools Chief". *New York Times*, 12 de novembro de 2010.
OTTERMAN, S.; MEDINA, J. "New York Schools Chancellor Ends 8-Year Run". *New York Times*, 9 de novembro de 2010.

RAVITCH, D. "School 'Reform': A Failing Grade". *New York Review of Books*, 29 de setembro de 2011.

REIN, R. "Feminist Pryde Brown Finds House-Husband Dan Sullivan a 'Wonderful Mother' of Ten" *People*, 13 de outubro de 1975.

SIVACK, E., DEROGATIS, K., ROSALDO, M., ROBINSON, R., STUART HARMON, S. e FISHER, T. "Back-to-School Special! Joan Sullivan on the Importance of Effective Communication". Dowser.org, 1º de setembro de 2010.

SULLIVAN, J. Entrevistas.

_____. *An American Voter: My Love Affair with Presidential Politics*. Nova York: Bloomsbury, 2002.

_____. Palestra. Gel Conference, maio de 2009.

_____. Palestra: "Ms. Sullivan Farewell". Bronx Academy of Letters, janeiro de 2010.

ZOEPF, K. "Small Bronx High School Now a Model of Others". *New York Times*, 19 de setembro de 2003.

CAPÍTULO 5

ARNOLDY, B. "Army of Average Joes Culls Through Candidates' Files, Bios". *Christian Science Monitor*, 17 de outubro de 2007.

BERLIND, D. "Publicly Selected and Funded Investigative Reporting: Can It Work?" ZDNet, 25 de julho de 2006

BOGUT, J. Entrevista.

CARR, D. "In Politics, the Gaffe Goes Viral". *New York Times*, 21 de abril de 2008.

COOPER, M. Entrevistas.

_____. "Closed to Press – Not Off the Record". marccooper.com, 16 de abril de 2008.

FOWLER, M. Entrevistas.

_____. "Obama: No Surprise That Hard-Pressed Pennsylvanians Turn Bitter". *Huffington Post*, 11 de abril de 2008.

_____. "Bill Clinton: Purdum a 'Sleazy' 'Slimy'"Scumbag.'" *Huffington Post*, 2 de junho de 2008.

_____. *Notes from a Clueless Journalist: Media, Bias and the Great Election of 2008*. Formato Kindle. 2010.

_____. "Why I Left The Huffington Post". Mayhillfowler.com, 25 de setembro de 2010.

HALLORAN, L. "Media Takes: Giving the 'Smart Mob' a Voice in the Media". *US News and World Report*, 26 de julho de 2006.

HEALY, P. "Obama's 2nd-Quarter Foray in New York". *New York Times*, 21 de março de 2007.

HOVA, E. EDSALL, T. "Romney Buys Conservatives". *Huffington Post*, 26 de julho de 2007.

HOWE, J. "Did Assignment Zero Fail? A Look Back, and Lessons Learned". Wired.com, 16 de julho de 2007.

KALTER, L. "A Campaign Trail Neophyte Who Scooped the Pros". *American Journalism Review*, outubro de 2008.

MICHEL, A. Entrevistas.

_____. "Get Off the Bus: The Future of Pro-Am Journalism, OffTheBus". *Columbia Journalism Review*, março de 2009.

MORGAN, B. Entrevista.

RAINEY, J. Entrevista.

ROSEN, J. Entrevistas.

_____. "Introducing NewAssignment.Net". PressThink, 25 de julho de 2006.

_____. "Assignment Zero Lands. OffTheBus Launches. Lessons Fly". PressThink, 20 de junho de 2007.

_____. "What I Learned from Assignment Zero". PressThink, 9 de outubro de 2007.

_____. "Some Problems with NewAssignment.Net". PressThink, 28 de julho de 2009.

ROSENBERG, S. "NewAssignment.Net: New-Model Journalism". Scott Rosenberg's WordYard, 25 de julho de 2006.

_____. "Rosen on NewAssignment.Net: It's Made of Editors". Scott Rosenberg's WordYard, 28 de julho de 2006.

SEELYE, K. "A New Campaign Media Entry". *New York Times*, 18 de maio de 2007.

_____. "The Women Behind the Scenes". *New York Times*, 24 de outubro de 2007.

_____. "Blogger Is Surprised by Uproar over Obama Story, but Not Bitter". *New York Times*, 14 de abril de 2008.

_____. "Off the Bus, but Growing Thousands Strong". *New York Times*, 23 de julho de 2008.

_____. "Citizen-Journalism Project Gains a Voice in the Campaign". *New York Times*, 25 de julho de 2008.

SHIRKY, C. Entrevista.

SMITH, B. Entrevista.

STEINBERG, J. "For New Journalists, All Bets, but Not Mikes, Are Off". *New York Times*, 8 de junho de 2008.

TEACHOUT, Z. STREETER, T. *Mousepads, Shoe Leather, and Hope: Lessons from the Howard Dean Campaign for the Future of Internet Politics*. Boulder: Paradigm Publishers, 2007.

TEO, D. Entrevista.

TOMASIC, J. Entrevista.

TREUL, D. Entrevista.

CAPÍTULO 6

BAUER, M. Entrevistas.

_____. "An Ad Hoc Look at Ad Hoc". *San Francisco Chronicle*, 29 de setembro de 2006.

_____. "Duo Reunites in Wine Country". *San Francisco Chronicle*, 25 de outubro de 2006.

_____. "Keller's Ad Hoc Elevates Rustic, Family-Style Dining". *San Francisco Chronicle*, 26 de novembro de 2006.

_____. "Ad Hoc to Become Permanent". *San Francisco Chronicle*, 17 de janeiro de 2007.

BERNE, A., SEVERSON, K., DIMICELI, S., NESS, C., e SAEKEL, K. "What's New". *San Francisco Chronicle*, 1º de setembro de 2004.

_____. "Keller Expands Empire". *San Francisco Chronicle*, 5 de abril de 2006.

_____. "Cozmo's Grill in the Marina to Get an Upscale Makeover". *San Francisco Chronicle*, 24 de maio de 2006.

_____. "New Chef, New Menu for Mecca". *San Francisco Chronicle*, 12 de julho de 2006.

CERCIELLO, J. Entrevista.

CRUZ, D. Entrevista.
FINZ, S. "Keller Right-Hand Man Jeffrey Cerciello Going Out on His Own". *San Francisco Chronicle*, 28 de janeiro de 2010.
KEEFER, K. Entrevistas.
KELLER, T. Entrevista.
_____. *Ad Hoc at Home*. Nova York: Artisan, 2009.
_____. Palestra. Commonwealth Club, 30 de setembro de 2010.
MCGEEHON, A. Entrevista.
MUSTICH, J. "Table Talk with Thomas Keller". Barnesandnoblereview.com, 24 de novembro de 2009.
RAFFEL, D. Entrevistas.
RAGONE, G. "Casual Gets Classy". *Restaurant Hospitality*, 1º de maio de 2008.
RUHLMAN, M. *The Soul of a Chef*. Nova York: Penguin Group, 2001.
WALDEN, G. "Marc Rasic to Head Up Kitchen at Fringale". *San Francisco Chronicle*, 21 de abril de 2004.
WOLF, C. Entrevista.

CONCLUSÃO

DASH, A. "The Virtual Start-up: Taking Flight". Dashes.com, 22 de junho de 2011.
PHELPS, A. "NPR Tries Something New: A Day to Let Managers Step Away and Developers Play". Niemanlab.org, 23 de agosto de 2011.

Índice

Ad Hoc restaurante, 135-151
   Addendum, compra e, 150
   conceito do, 141, 144
   livro de receitas, 144, 156
Adaptação, 28
AdSense, 4, 15, 16, 17, 24, 25, 31. Ver Buchheit, Paul
AdWords, 24, 27, 31
American Voter, An: My Love Affair with Presidential Politics (Sullivan), 87
AOL-Time Warner, 7
apelo emocional, 57, 58, 67, 139, 146, 156
API (Application Program Interface), viii
Apple, 118
Aprendizado, 10
Arment, Marco, 7
Arrington, Mike, 70, 77
Atlassian, 6
   almoços pré-FedEx Day, 76
   dias livres, 75
   FedEx Day, 56, 60, 61, 71, 73, 75, 76
   produtos tangíveis do FedEx Day, 73

"Backyard War", viii
BarCamp, 181
Bartz, Carol, 74
Bauer, Michael, 138
BBC com Hack day, ix
Beck, 56, 68, 69
Bernstein, Toni, 93
Berry, Paul, 128
Bill and Melinda Gates Foundation, 84
Blogger, 30, 49
blogueiros independentes, 7
Bloomberg, Michael, 88, 91
Bouchon, Bistrô, 137
Boulud, Daniel, 140
Brin, Sergey, 2, 5, 19, 20, 26, 35
Bronx Academy of Letters, 84, 89, 92-96, 126, 157, 162
   abertura, 92
   doações privadas para, 84, 92, 94
   padrões elevados, e 96
   professores para, 89-91

tomar notas, 93
uniformes e, 92
Buchheit, Paul, 11, 15-36, 44, 50
    AdSense, 15, 16, 17, 24, 25, 31
    AdSense deve financiar o Gmail, 15, 29
    apoio interno para os projetos, 31
    caos no Google e, 32
    conseguindo fazer 100 usuários do Google felizes, 21, 23, 32, 159
    convencendo os críticos do Gmail, 19, 25
    extensão horizontal, 34
    Gmail, 15, 16, 17, 18
    JavaScript e, 23
    loop de feedback e, 20
    origens do Gmail e do AdSense, 15
    ponto de inflexão, 125
    reutilização e, 19, 28
busca por palavras-chave, 45, 46
Butterfield, Stewart, 39, 41-43, 48, 163

Canadian Broadcasting Corporation, 40
Cannon-Brookes, Mike, 55, 56, 71
Case Western Reserve University, 18
Cathedral and the Bazaar, The (Raymond), viii
Caulfield, Mike, 105
Cerciello, Jeffrey, 140-143, 150
Classon, Jason, 40, 41
Clinton, Bill, 100, 105
Clinton, Hillary, 105, 122
Condé Nast, 166, 167
    Gourmet Live app, 166
    Idea Flight, 166
Conference Board, 3
Cookin', 143
Cooper, Marc, 109-112, 114-117, 124, 127
Costello, Eric, 39
criação do "produto minimamente viável", 21
criação livre e direta, 12
Crockford, Douglas, 79
Crowley, Dennis 7
Cruz, Dave, 141, 143

Daniels, Ezra Claytan, 77
Dash, Anil, 11, 167
Davis, Beverly, 116
Dean, Howard, 102, 118
Dia da Serendipidade, 166
Dickerson, Chad, 11
Dorsey, Jack, 50, 51
Dougherty, Dale, 12
Doutrina dos 20%, 8
Dr. Dobb's Journal, 17

Drupal, 118
Dyson, Esther, 48

eBay, 6
Edsall, Thomas, 106
Electric Minds, 41
Eng, Diana, 70
Escolas da cidade de Nova York, 6, 12
    Bronx Academy of Letters e, 83, 84-89, 92-96, 126
    reformas de Klein e, 88
    sul do Bronx e, 89, 91, 94, 100
escolas Montessori, 5
Etsy, 8
eWeek, 45

Facebook, 6, 7, 46
Fake, Caterina 39, 50
FarmShop restaurante, 143
ferramenta de busca, 24
Filo, David, 58, 74
Flickr, 11, 39-52
    atentado de Jacarta e, 46
    característica que deu impulso, 44-46
    concorrentes e, 46-47
    experiência de quase-morte, 46
    iteração e, 43, 46
    limitações e inovação, 40, 46, 49
    oportunidade de receita 39-40, 48
    preview da, na Conferência O'Reilly, 44-45, 162
    primeiro beta público, 445
    protótipo "pior é melhor", 44
    reutilização de código e, 44, 143
    tags, 46
    venda para a Yahoo!, 48
FlickrLive, 43
Foursquare,7
Fowler, Mayhill, 119-126, 130
French Laundry, The, 137-141, 143-144, 146-148
    restaurante "pop-up", 150

Game Neverending, 40, 41, 42
Gawker (blog), 7, 8
General Motors, 3
Gmail, 15, 16, 17, 18
Gnutella, 7
Google, 1, 2, 11, 15, 16, 18. Ver também Buchheit, Paul
    AdSense, 15, 16, 17, 24, 25, 31

AdWords, 24, 27, 31
Blogger.com comprado, 49
evento semanal TGIF, 35
gerenciamento de caos, 32
Gmail, 15, 16, 17, 18
Groups, 17, 18, 22
iGoogle home page, 30
Lista Misc, 35
Maps, 31
"modelo de administração à beira do caos", 32
Moderator, 4
MOMA, 35
News, 4
Picasa, 46
política de "20% de tempo", 2, 4
Projeto Arquivo Digital, 33
Projeto Blogger, 30
Reader, 4, 30, 35, 36
site "Snippets", 35
Suggest, 4
Gore-Tex, 2
Gore, Al, 26
Gore, Bill, 2
Gourmet Live app, 166
"grupos de notícias", 17
Guardian (U.K), 45, 111

hack days, 6, 57-85
Backyard War, viii, ix, 65
BBC, ix
benefícios, 70, 73, 74
companhias lançando, 6
comunicação peer-to-peer e, 76
conexão emocional de, 67
Detonador de Tecnologia, x
diretriz proibindo powerpoint, x
ética do hacker e, 59-61, 72
"Fábrica de Ideias", x
FedEx Day da Atlassian e, 56, 60
GroupMe, x
Hackatona do JotSpot e, 55-61, 73
IBM, x
limitações e, 72
LinkedIn, x
Open Hack Day, 57, 67, 68, 69, 70, 72, 156
Yahoo, vii, viii, ix, x
Hackatonas, 8, 11
Hall, Anna, 91

Hamel, Gary, 1, 32
  sobre o Google, 32
Hansen, Linda, 105
Harper Studio, 8
HarperCollins, 8
Harvard Business School, 32
Harvard School of Business, 1
Henderson, Cal, viii, 65
Hewlett-Packard, 5
Hoffman, Havi, 62, 72
Horowitz, Brad, 58, 59, 64, 68, 74, 77
Hotmail, 23, 24
Hourihan, Meg, 49
HTML, 23
Huffington Post, The, 12
  Correspondentes Nacionais, 108, 109, 110
  Esquadrão de Operações Especiais, 107
  "De olho na grana", 105, 106, 110, 112, 113
  história citada do Bill Clinton, 100
  história do Bittergate, 120-126, 129, 130
  história do John McCain, 101
  histórias da campanha de Obama, 117
  manchetes, 95, 103, 106
  "Olhos e Ouvidos," 112, 113, 1 55
  recrutamento de jornalistas cidadãos, 6, 7, 100, 101, 112, 160
  Road Kill, 112-113
Huffington Post, Arianna, 102, 103, 109, 110, 115, 116, 124, 127, 128, 130, 131, 132, 155

Idea Flight, 166
ideias externas, 10
iGoogle, 30
IM (Instant Messages – mensagens instantâneas) 44
Instapaper, 7
Interagir rapidamente, 9
iPhone, 7
Ito, Joi, 48

Jacarta, atentado em, 46
JavaScript, 23
Jobs, Steve, 148
"jornalistas cidadãos", 6, 7, 100, 101, 112, 160. Ver também *Huffington Post*
  Projeto Guardian (U.K.), 111
JotSpot, 55-61, 73
Jupiter Research, 7

Kahan, Richard, 87
Kakwan, Mo, 66
Katdare, Kaustubh, 28
Keller, Hubert, 140
Keller, Thomas , 5, 11, 67, 135, 137-144
Kerry, John, 102, 104, 111, 114
Klein, Joel, 84, 85, 87, 88, 89, 91
Korula, Tarikh, 66, 70
Kraus, Joe, 55, 56

Lady Gaga, 51
LamdaMOO, 41
Lerer, Ken, 124
Levy, Steven, 61
liberdade criativa, 8, 43
Lim, Jing, 35
LinkedIn, 57
Lista Misc, 35
Livingston, Jessica, 16, 19-20, 22, 25
loop de feedback, 20
Ludicorp, 40, 41, 42, 43
Lumbard, Sarah, 166

MacArthur Foundantion, 102
Mackey, John, 2
Mayer, Marissa, 15, 24, 25, 32, 33
McCain, John, 101, 107, 108
McPhee, Jenny e Martha, 89
Meyer, Danny, 140
Michel, Amanda, 99, 157, 160, 162, 164
    aplicação da experiência de voluntária aos jornalistas-cidadãos, 99-101, 103-117
    Fora do Ônibus e, 97-133
    Generation Dean e, 118, 119
    história do Bittergate e, 120-126, 129, 130
Microsoft, 76, 77
    hack days, 76
"modelo de administração à beira do caos", Google, 32
MOMA, 35
Montessori, escolas, 5
moral, 56, 70, 74, 111, 162
Morgan, Betsy, 115, 127, 128

Napster, 7
National Public Radio, 5, 6
NeoPets, 41
Netscape, 41
NewAssignment.net, 102, 117
Newmark, Craig, 102

Northeastern University, 7
Norton, Kevin, 55, 58
Notes from a Clueless Journalist (Fowler), 123
"Novas Visões Não Lucrativas para as Escolas Públicas", 84
NYU (New York University), 7

O'Reilly Media's Emerging Technology Conference, 44
Obama, Barack, 51, 100, 105-108, 112, 119, 120
Odeo, 49, 50
Ofoto, 47
Orkut, 4
Outlook, 23

Page, Larry, 2, 4, 19, 33, 35
paixões, 9
Parparita, Mihai, 35
Patel, Ash, 74
Peanuts, 8
Picasa, 46
Pitney, Nico, 123, 130
"pivô", 51
"política de "20% de tempo", 2, 4
ponto de inflexão, 125
"produto minimamente viável," 21
projetos paralelos, 6, 10
protótipo ("pior é melhor"), 44
Pyra, 49, 50

Raffel, Daniel, 78, 79, 143, 148, 150
Rainey, James, 121
Raymond, Eric, viii, 61
reorientação, 43
Restaurante FarmShop, 143
Restaurante Per Se, 137, 141, 143, 148
restaurantes. Ver Restaurante Ad Hoc; Keller, Thomas; restaurantes específicos
Reutilização, 9
    Gmail, 28
RFC 822, 18
Rogers, Ian, 68
Romney, Mitt, 106, 113
Rosen, Jay, 102, 103, 109, 111, 115, 117, 119
    Fora do Ônibus termina no Huffington Post, 155-157

Salesforce.com, 77
San Francisco Business Times, 7
Sanjeev Singh, 35

Schmidt, Eric, 1, 21
segmentação de conversas
  (*threaded conversation*), 35
Sekoff, Roy, 127, 131
Seligman, Martin, 17
Semel, Terry, 58, 59, 74
Shirky, Clay, 99-100
Shutterfly, 47
síndrome do "Não Inventado Aqui", 28
skunkworks corporativos, 8
Skype, 8
Smith, Ben, 124
Snapfish, 47
Snippets, 35
sopa de pedra, conto folclórico, 36
South by Southwest, 51
Spolsky, Joel ,17
Stanford University, 15, 26
Stein, Sam, 127
Stier, Debbie, 8
Stone, Biz, 50
Streeter, Thomas, 118
Sullivan, Joan, 11, 81, 83-89, 91, 93, 95, 96, 100, 118, 146, 156

Tags, 46
Teachout, Zephyr, 118
TechCrunch, 68, 69, 70
Teo, Dawn, 114, 115
Tomasic, John, 107, 128, 129
3M,
  política de "15% de tempo", 5
Treul, Dan, 108, 111
Trippi, Joe, 106, 114
Tumblr, 7
Twitter, 6, 7, 40, 51

Upside, revista, 7
Urban Assembly, 87, 89
"Usenet", 17

Weiner, Jeff, 74
Wetherell, Chris, 22
  criação de equipe, 30-31
  desenvolvimento do Gmail, 35, 159
  Google Reader e, 22, 30, 35, 36
  reutilização e, 36
Whole Foods, 2
Williams, Evan, 49
Winfrey, Oprah, 51
Wolf, Clark, 147, 150
Woodstock, 11

Yahoo, vii, 5, 6, 11, 24
  APIs, 76
  aquisição da Copout, 73
  aquisição da Delicious, 58
  aquisição da Flickr, 58
  aquisição da Koprol, 73
  deserção de talentos, 77
  "Fábrica de Ideia," x
  funcionalidade da busca e o Bing, 77
  Hack Day, vii, viii, ix
  Hack do Backyard War, viii, 65
  Hulka, 73
  mudança de CEO e caos, 59
  PHP (preprocessador de hipertexto), 73
  produtos tangíveis do Hack Day, 73
  sistema de autenticação (Bbauth), 73
Yang, Jerry, 58, 74
YouTube, 31

Zaleski, Katherine, 115
Zawodny, Jeremy, 60, 62, 64, 74, 76, 77
Zuckerberg, Mark, 7

Cartão Resposta

0501200048-7/2003-DR/RJ

Elsevier Editora Ltda

····CORREIOS····

ELSEVIER

SAC | 0800 026 53 40
ELSEVIER | sac@elsevier.com.br

CARTÃO RESPOSTA

Não é necessário selar

O SELO SERÁ PAGO POR

Elsevier Editora Ltda

20299-999 - Rio de Janeiro - RJ

Acreditamos que sua resposta nos ajuda a aperfeiçoar continuamente nosso trabalho para atendê-lo(la) melhor e aos outros leitores.
Por favor, preencha o formulário abaixo e envie pelos correios ou acesse www.elsevier.com.br/cartaoresposta. Agradecemos sua colaboração.

Seu nome: _____

Sexo: ☐ Feminino ☐ Masculino CPF: _____

Endereço: _____

E-mail: _____

Curso ou Profissão: _____

Ano/Período em que estuda: _____

Livro adquirido e autor: _____

Como conheceu o livro?

☐ Mala direta   ☐ E-mail da Campus/Elsevier
☐ Recomendação de amigo   ☐ Anúncio (onde?) _____
☐ Recomendação de professor
☐ Site (qual?) _____   ☐ Resenha em jornal, revista ou blog
☐ Evento (qual?) _____   ☐ Outros (quais?) _____

Onde costuma comprar livros?

☐ Internet. Quais sites? _____
☐ Livrarias ☐ Feiras e eventos ☐ Mala direta

☐ Quero receber informações e ofertas especiais sobre livros da Campus/Elsevier e Parceiros.

Siga-nos no twitter @CampusElsevier

Qual(is) o(s) conteúdo(s) de seu interesse?

Concursos
- [ ] Administração Pública e Orçamento
- [ ] Arquivologia
- [ ] Atualidades
- [ ] Ciências Exatas
- [ ] Contabilidade
- [ ] Direito e Legislação
- [ ] Economia
- [ ] Educação Física
- [ ] Engenharia
- [ ] Física
- [ ] Gestão de Pessoas
- [ ] Informática
- [ ] Língua Portuguesa
- [ ] Línguas Estrangeiras
- [ ] Saúde
- [ ] Sistema Financeiro e Bancário
- [ ] Técnicas de Estudo e Motivação
- [ ] Todas as Áreas
- [ ] Outros (quais?)

Educação & Referência
- [ ] Comportamento
- [ ] Desenvolvimento Sustentável
- [ ] Dicionários e Enciclopédias
- [ ] Divulgação Científica
- [ ] Educação Familiar
- [ ] Finanças Pessoais
- [ ] Idiomas
- [ ] Interesse Geral
- [ ] Motivação
- [ ] Qualidade de Vida
- [ ] Sociedade e Política

Jurídicos
- [ ] Direito e Processo do Trabalho/Previdenciário
- [ ] Direito Processual Civil
- [ ] Direito e Processo Penal
- [ ] Direito Administrativo
- [ ] Direito Constitucional
- [ ] Direito Civil
- [ ] Direito Empresarial
- [ ] Direito Econômico e Concorrencial
- [ ] Direito do Consumidor
- [ ] Linguagem Jurídica/Argumentação/Monografia
- [ ] Direito Ambiental
- [ ] Filosofia e Teoria do Direito/Ética
- [ ] Direito Internacional
- [ ] História e Introdução ao Direito
- [ ] Sociologia Jurídica
- [ ] Todas as Áreas

Media Technology
- [ ] Animação e Computação Gráfica
- [ ] Áudio
- [ ] Filme e Vídeo
- [ ] Fotografia
- [ ] Jogos
- [ ] Multimídia e Web

Negócios
- [ ] Administração/Gestão Empresarial
- [ ] Biografias
- [ ] Carreira e Liderança Empresariais
- [ ] E-business
- [ ] Estratégia
- [ ] Light Business
- [ ] Marketing/Vendas
- [ ] RH/Gestão de Pessoas
- [ ] Tecnologia

Universitários
- [ ] Administração
- [ ] Ciências Políticas
- [ ] Computação
- [ ] Comunicação
- [ ] Economia
- [ ] Engenharia
- [ ] Estatística
- [ ] Finanças
- [ ] Física
- [ ] História
- [ ] Psicologia
- [ ] Relações Internacionais
- [ ] Turismo

Áreas da Saúde
- [ ]

Outras áreas (quais?): _____

Tem algum comentário sobre este livro que deseja compartilhar conosco? _____

Atenção:
- As informações que você está fornecendo serão usadas apenas pela Campus/Elsevier e não serão vendidas, alugadas ou distribuídas por terceiros sem permissão preliminar.
- Para mais informações sobre nosso catálogo e livros, por favor acesse **www.elsevier.com.br** ou ligue para **0800 026 53 40**.